Flugsand

Flugsand

Journal 2018

Joke Frerichs

Bibliographische Informationen der Bibliothek:
Die Deutsche Bibliothek verzeichnet diese Publikation in der Deutschen Nationalbibliographie; detaillierte Informationen sind im Internet über http://dnb.ddb.de abrufbar.

© 2019 Joke Frerichs

Herstellung und Verlag: Books on Demand GmbH, Norderstedt
ISBN 978-3-7481-5758-8

Das erste Buch des Jahres ist auf den Weg gebracht – das Journal 2017 mit dem Titel: *Gegenblende*. *Petra* hat es gestern formatiert; das ist schon fast zur Routine geworden, obwohl es immer wieder Überraschungen gibt. Diesmal lassen sich die Zitate aus Fremdtexten (Briefe; Stellen aus Romanen etc.) nicht einfügen; sie tanzen buchstäblich aus der Reihe, und es macht Mühe, sie wieder in den Text zu integrieren. Aber Petra schafft es immer wieder – mit viel Geduld und mittlerweile großem technischen Sachverstand.

*

Ich schreibe fast täglich; mal mehr, mal weniger. An Tagen, an denen ich nicht zum Schreiben komme, fehlt mir etwas. Sie kommen mir irgendwie leer bzw. vertan vor; trotz Lektüre. Man kann also sagen: das Schreiben ist mir zur Passion geworden. Das Gefühl, einen Sachverhalt adäquat formuliert zu haben; vielleicht eine gelungene Gedichtzeile o.ä., tut dem Gemüt gut. Erst danach kann ich mich auf andere Dinge konzentrieren, die mir dann ebenfalls Spaß machen: Kochen z.B. In diesem Fall hat es damit zu tun, dass man etwas mit den Händen macht.

*

Petra hat ihr Auto an die Werkstatt *Dirks* verkauft. Schade um das schöne Auto; aber wir haben es einfach zu wenig genutzt. Gleichzeitig hat sie ihre Garage an unseren Nachbarn *Enzo* weitergereicht, der ganz scharf darauf war. Vor Petra hatte sie seinem Vater gehört.

*

Rufe bei der Hautärztin an. Alles in Ordnung; der *Sonnenschaden* ist nach zweimaligem Eingriff behoben. Ich brauche mir keine weiteren Sorgen zu machen. Große Erleichterung, dass es kein Hautkrebs ist.

*

Habe den Roman *Operation Shylock* von *Philip Roth* gelesen. Ein kunstvoll gestalteter Roman mit vielen stilistischen Glanzpunkten. Es tritt ein Doppelgänger von Roth auf, der vorgibt, eine Lösung für die *Judenfrage* zu haben: alle Juden, die während der Nazizeit nach Israel geflohen oder ausgewandert sind, sollen in ihre Herkunftsländer zurückkehren – in die sog. Diaspora. Nur so könne ein weiterer Holocaust in Gestalt eines von den Arabern inszenierten Atomschlags verhindert werden. Da der Doppelgänger als Philip Roth auftritt und bis ins Äußere diesem gleicht, beginnt ein Verwirrspiel um Identität, Verstellung, Täuschung und Realitätsverlust. Roth reist nach *Jerusalem*, um sein Double zu stellen. Dabei gerät er immer tiefer in den ganzen Schlamassel, dessen Sinn ihm verborgen bleibt.
Eingewoben in die Handlung wird der Prozess gegen den ukrainischen Massenmörder *Demjanjuk*, bei dem auch nicht sicher ist, ob es sich tatsächlich um *Ivan*

den *Schrecklichen* handelt, der im *KZ Treblinka* Juden auf die grausamste Weise massakriert hat. Der Angeklagte jedenfalls bestreitet seine Identität.

Dass man in dem Roman viele Details über die Geschichte des Judentums und Israels erfährt, versteht sich nahezu von selbst.

*

Das neue Buch ist da: mein *Journal 2017* mit dem Titel *Gegenblende*. Werde nachher einmal darin blättern und bin gespannt, wie sich das Ganze liest. Man überrascht sich häufig selbst mit einigen Episoden.

*

Fast täglich gibt es neue Skandale um *Trump*. Jetzt hat er die *Afrikaner* beleidigt, die angeblich alle aus Drecksöchern in die USA kommen. Einer Prostituierten hat er angeblich Schweigegeld bezahlt. Presse und Justiz verunglimpft er in einem fort. Während alle Welt nur den Kopf schüttelt und sich fragt, was daraus noch werden soll, sind seine Anhänger begeistert.

*

Die SPD windet sich in eine neue *Große Koalition*, nachdem *Schulz* nach der Wahlniederlage erklärt hatte, die Partei müsse sich in der Opposition erneuern.

Diese Aussage wurde tags darauf vom Vorstand einstimmig bestätigt. Nun ist er dafür, Koalitionsverhandlungen aufzunehmen, da die Sondierungen *großartige Ergebnisse* gebracht hätten. Dabei ist von den großmäuligen Forderungen nach einer Bürgerversicherung oder Reichensteuer rein gar nichts übrig geblieben. Die einst so stolze Partei versinkt in der Bedeutungslosigkeit. Ein Trauerspiel.

*

18.1.: Heute wird die Ausstellung *Mit Bildern erzählt* von *Klaus* in der *Landesbibliothek Oldenburg* eröffnet. Wie Klaus schrieb, steht die Ausstellung. Sorgen macht das Wetter: just für heute ist ein Orkan, Schnee und Glätte angekündigt. Bleibt zu hoffen, dass alles gut geht.

*

Habe die Erzählung *Siddhartha* von *Hermann Hesse* gelesen. H. hat sich intensiv mit indischer Philosophie und Religion auseinander gesetzt; die Erzählung ist Resultat dieser Beschäftigung.
S. gehört der Oberschicht der Brahmanen an, ist aber mit seinem Leben unzufrieden. Er verlässt sein Zuhause und schließt sich den Besitzlosen an, bis ihm die Einsicht kommt, dass ein Leben des totalen Verzichts und der Enthaltsamkeit auch nicht das Wahre ist. Er möchte am Leben teilhaben und beginnt, sich ins pralle Leben zu stürzen. Sinnlicher Genuss und

das Ansammeln von Reichtümern werden ihm zum Lebensinhalt; bis auch das ihn nicht mehr befriedigt und er sich zu einem alten Fährmann, der einsam in einer Hütte am Fluss wohnt, zurückzieht.

S. versucht zeitlebens zur wahren Erkenntnis und Vollkommenheit zu gelangen. Sein Lebensmotto lautet: *Ich kann denken. Ich kann warten. Ich kann fasten.* Man könnte sagen, dass sich darin die verschiedenen Lebensabschnitte widerspiegeln. Das erste Motto steht für eine Phase der Lernens und des Versuchs, durch die Lehren der Weisen zur wahren Erkenntnis zu kommen. Das zweite Motto für die Zeit der Suche und Teilnahme am *richtigen Leben*, ohne allerdings ganz darin aufzugehen. Und das dritte Motto steht für das Leben als Asket, für völlige Besitzlosigkeit und Verzicht.

Erst zum Ende seines Lebens – in der Zurückgezogenheit der Fährmannshütte – gelangt S. zur Einsicht, dass das Streben nach Wahrheit und die ewige Suche nach einer Theorie oder Lehre vergeblich sind. Es ist der alte, weise Fährmann, der ihn folgendes lehrt: *Alles zusammen, alle Stimmen, alle Ziele, alles Sehnen, alle Leiden, alle Lust, alles Gute und Böse, alles zusammen ist die Welt. Alles zusammen ist der Fluss des Geschehens, ist die Musik des Lebens.*

Am Schluss der Erzählung trifft Siddhartha noch einmal mit seinem Jugendfreund *Govinda* zusammen, mit dem er einst aufgebrochen war. S. sagt zu ihm:

Und dies ist nun eine Lehre, über welche du lachen wirst: die Liebe, o Govinda, scheint mir von allem die Hauptsache zu sein. Die Welt zu durchschauen, sie zu erklären, sie zu verachten, mag großer Denker Sache sein. Mir aber liegt einzig daran, die Welt lieben zu können, sie nicht zu verachten, sie und mich nicht zu hassen, sie und mich und alle Wesen mit Liebe und Bewunderung und Ehrfurcht betrachten zu können. Und etwas später heißt es: Mir ist das Ding lieber als die Worte, das Tun und Leben wichtiger als das Reden, die Gebärde einer Hand wichtiger als Meinungen. Nicht im Reden, nicht im Denken sehe ich die Größe, nur im Tun, im Leben.

*

Gratuliere *Frauke* zum 75. Geburtstag. Es wird ein ganz gutes Gespräch. Natürlich geht es überwiegend um früher. Aber sie hat mitbekommen, dass auch *Janis Joplin* 75 geworden ist. Und sie erzählt, dass *Elke R.* ein Jazzkonzert mit *Chris Barber* besucht und ihr vorgeschwärmt hat. Daraufhin erinnere ich sie, dass *Gerhard* und ich ein Konzert im damaligen *Roxy* – also ganz in der Nähe, wo sie und *Hans* gewohnt haben – erlebt haben. Das muss Anfang der 60er Jahre gewesen sein. Und sie berichtet von einem Traum, in dem *Gerhard* und ich vorkommen. Er sei so intensiv gewesen, dass sie anschließend kaum noch wusste, dass es nur ein Traum war.

*

terhalte mich im *Basil's* mit *Anke* über lyrischen Expressionismus. Sie behandelt gerade im Unterricht den Expressionisten *Ernst Wilhelm Lotz*, den ich bis dahin gar nicht kannte. Jetzt habe ich einige Gedichte gelesen und bin ganz angetan. Mir gefällt die direkte, unverblümte Sprache, der weitgehende Verzicht auf überbordende Symbolik und die teilweise riskanten, weil ver-rückten Wortspiele. Formulierungen wie: *Da warf ich dem Chef an den Kopf seine Kladden / Und stürmte mit wütendem Lachen zur Türe hinaus* – heißt es etwa im Gedicht *Wolkenüberflaggt*.

Anke lässt ihren Schülern sehr viel Raum, um deren Phantasie anzuregen. Sie fordert sie auf, analog zu einem Gedicht von L. eigene Erfahrungen niederzuschreiben; es sei ganz erstaunlich, was die Schüler hervorbrächten, meint sie.
Anke scheint eine gute Lehrerin zu sein; so eine hätte man sich selbst gewünscht.

Unser Gespräch findet statt, nachdem der FC 2:0 gegen den HSV gewonnen hat.

*

Die SPD hat sich auf einem Sonderparteitag für die Aufnahme von Koalitionsverhandlungen entschieden. Allerdings haben nur 56 % der Delegierten dafür bestimmt. Die Parteispitze feiert das als großen Sieg. In Wirklichkeit wird damit der weitere Abstieg besiegelt, da eine Neuausrichtung der Partei ausbleibt. So sieht also der *Politikwechsel* à la SPD aus; es ist ein *Weiter so* Richtung 15 %.

*

Nachdem ich einige Gedichte von *Ernst Wilhelm Lotz* gelesen hatte, erinnere ich mich, dass ich Anfang der 80er Jahre eine Faksimile-Ausgabe mit dem Titel *Der jüngste Tag* antiquarisch erworben hatte. Die siebenbändige Ausgabe versammelt die Werke vieler Expressionisten der Jahrhundertwende bzw. der Anfangsjahre des 20. Jahrhunderts. Darunter sind vergessene Künstler, aber auch Größen wie *Benn; Kafka; Lasker-Schüler; Rilke; Franz Werfel; Musil; Heym* oder *Trakl*. Es ist also ein wahrer Schatz, den ich damals gehoben habe. Und da ich z.Zt. an eigenen lyrischen Texten arbeite, werde ich mich weiter in die Lektüre dieser Autoren vertiefen und mir einige stilistische Anregungen holen.

Sehr hilfreich, um sich einen Überblick zu verschaffen, ist Band 7 der Ausgabe. Er enthält kurze Autorenkommentare und gliedert sich in 4 Abschnitte: Biographie; Bibliographie; Kurzinterpretation; Zitate. Zur Erläuterung heißt es im Text des Herausgebers: *Der Umfang des einzelnen Autorenkommentars gibt keinen Hinweis auf die Bedeutung des Autors. Auf vergessene oder verschollene Autoren soll ein neues Licht fallen. Daher wird das vergleichsweise Wenige, was wir über sie wissen, möglichst lückenlos mitgeteilt, wohingegen bei bekannten Autoren vergleichsweise knapper verfahren werden konnte.*

Über besagten *Lotz* heißt es: *Lotz schrieb Verse, die wie Schmetterlinge im Frühling waren; bunt, lustig und taumelnd; alles andere als Tendenz, alles andere als Predigt.*

*

Waren zu einem *Benefiz-Konzert* im *Basil's*. Organisiert hatte es *Marlene*, die Schauspielerin, die im B. bedient. Das Konzert fand zugunsten der Flüchtlinge in *Calais* statt, die dort in einem Lager unter schlimmsten Bedingungen hausen.
Junge Musiker bieten kostenlos ihr Können dar; es ist eine anspruchsvolle, kunstvoll dargebotene Musik. *Tom* kümmert sich um die Elektronik und gibt am Schluss noch einige Chansons zum Besten. *Marlene* kümmert sich um Essen und Getränke, und zwei der Musiker geben Informationen zur Situation in Calais.
Zum Glück ist das Konzert sehr gut besucht; viele junge Leute, die nicht zur Stammkundschaft des B. gehören, sind gekommen. Dass wir mittlerweile die Ältesten sind, damit haben wir uns mittlerweile abgefunden.

*

Schicke *Rob* meinen Text über *Funktionäre*, nachdem wir uns über diese Spezies unterhalten haben. Er schreibt wie folgt zurück:

Dein ‚Funktionär' ist ‚erfahrungsgesättigt' (herrliche Vokabel, darf man die verwenden?) und universell zugleich. Du beschreibst einen Archetyp und seinen Kosmos aus Ritualen. Meine Bezeichnung dafür: 'Flanell-Affe' oder ‚Silberrücken'. Als ich das erste Mal mit dieser Lebensform in Berührung kam, das mag gut 35 Jahre her sein, konnte ich es buchstäblich nicht fassen.
Außen Normalpath: Anzug. Krawatte, joviales, liberales Getue, Mo - Frei Meeting auf Meeting und eine Packung Marlboro, am Wochenende Party ‚Männer' von Herbert Grönemeyer. Innen: Man konnte nicht sicher sein, dass das Knochen sind oder was den aufrecht hält - ein Kerl ohne Eigenschaft.

'Wie wird man so?' oder ‚Wie kann man so leben?'
Die Mittelmäßigkeit hat Angst, dass ihre Mittelmäßigkeit (und Faulheit) auffällt. Die können nämlich nix und sie wissen es. Außer den Anschein der eigenen Unersetzbarkeit zu pflegen.
Es spielt den Apparatschiks zusätzlich in die Karten, dass die deutsche Gesellschaft die Mittelmäßigkeit liebt, weil die sich vertraut und sicher anfühlt.

Wer seine eigene Mittelmäßigkeit quasi als Schild vor sich her trägt, bekommt in diesem Land deutlich mehr Applaus, als jemand, der eigene, evtl. kühne Ideen entwickelt.
Deswegen hatten wir 16 Jahre Herrn Kohl und bekommen die wohl auch mit Frau Merkel.

Ja, und wären wir dann bei der SPD. Die einst stolze Partei der Arbeiterbewegung wird seit Jahrzehnten dominiert von

Besitzstandsbewahrern aus dem Öffentlichen Dienst und anderen mittelmäßigen Betonköpfen.
Die haben die Alte Tante in stabile Seitenlage versetzt – weil sich das aus ihrem Blickwinkel vertraut und sicher anfühlt. Ich kenne diese Mischpoke aus eigener Anschauung.
Am Ende stand eine ‚Immunreaktion', ungefähr so als ob der Körper fremde Einzeller bekämpft – so viel ist klar: Wir sind nicht kompatibel.

Dann schaue ich wirklich zufällig den SPD-Parteitag und reibe mir verwundert die Augen: Weil da steht jemand am Pult und zitiert aus dem Film Herr der Ringe.
Wer hätte gedacht, dass so viel Phantasie in einem Zwergenaufstand steckt? Wer hätte gedacht, dass er dafür keinerlei Häme oder Spott abbekommt?
Und wie konnte das den Silberrücken entgehen? Bricht da gerade was auf?

Fragen über Fragen. Die klären wir sicher bald.

Aber vorher viel Vergnügen im WW.

*

25.1. – 28.1.: Zimmerschied

Sind seit über 2 Monaten einmal wieder in Zimmerschied. Schuld war das miese Wetter. Als wir ankommen, ist es furchtbar warm in den Räumen. Unsere E-Heizung war voll in Betrieb, obwohl ausgeschaltet.

Wahrscheinlich ist der Regler o.ä. defekt. Nach einiger Zeit gelingt es uns, die Heizung abzuschalten.
Etwas später bemerken wir, dass der letzte Orkan zwei Bäume direkt hinter der Sauna umgeweht hat. Der eine liegt ca. einen Meter hinter der Sauna quer über dem Reitweg. Glück im Unglück nennt man das wohl. Dann funktioniert der Fernseher nicht, so dass ich *Czislinsky* anrufen muss, der uns ganz sachlich und freundlich weiterhilft.

Dann gibt es aber auch noch erfreuliche Dinge: Wir hängen in *Petras* Zimmer einige Bilder von *Zezo* auf, die wir aus *Köln* mitgebracht haben. Sie machen sich prächtig. Die alten Bilder von *Elias* parken wir in der Saunahütte. Vielleicht können wir einige davon verschenken. Man glaubt gar nicht, wie sich die Atmosphäre durch die Neuhängung der Bilder in den Zimmern verändert.
Ein längerer und ein kürzerer Rundgang um das Dorf gehören wie eh und je zum Programm. Die Luft hier tut uns jedes Mal gut. Und am letzten Abend gehen wir in die Sauna, was wir ebenfalls sehr genießen. Anschließend entspannen wir bei einem Wein und Kerzenlicht.

Da das Wetter anhaltend schlecht ist (Nebel; Niesel und Wind), fällt es uns nicht schwer, nach *Köln* zurückzufahren.

*

Klaus und *Gabi* haben sich Gedanken über den Verlauf des gemeinsamen Leseabends in der *Landesbibliothek Oldenburg* gemacht und einen Ablaufplan geschickt, der uns sehr zusagt. Es wird eine Mischung aus Prosa- und Gedichttexten geben. Das dürfte auch für die Zuhörer attraktiv sein, wie überhaupt das Interesse an unserem Buch ungebrochen scheint. Klaus berichtet von einem 11jährigen Mädchen, der Tochter einer Bekannten, die sich in das Buch vertieft hat.

*

Waren gestern einmal wieder in der *Flora*. Weite Flächen waren mit *Krokussen* übersät; dazwischen *Schneeglöckchen* und *Anemonen*. Da die Sonne scheint, setzen wir uns zu anderen Besuchern auf eine Bank und halten für einige Momente das Gesicht in die Sonne. Da dieser Winter außer Feuchtigkeit und Kälte wenig geboten hat, ist dies ein besonderer Augenblick.

*

Lese den Roman *Stiller* von *Max Frisch*. *Petra* hatte ihn zuvor gelesen und mir empfohlen. Er gefällt mir aufgrund der raffinierten Erzählweise und Konstruktion sofort. Ich lese Frisch gerne. Z.B. habe ich schon sehr früh den *Homo Faber* gelesen; später dann *Gantenbein*, *Biedermann und die Brandstifter* und *Tagebücher*, die ich etwas stilisiert fand. Dann nochmals den *Homo Faber*, den ich beim Wiederlesen besonders eindrucksvoll fand.

Ich habe vom Stiller erst 100 Seiten gelesen, aber wie immer bei Frisch geht es um Fragen der *Identität*. Sätze wie: *Man kann alles erzählen, nur nicht sein eigenes Leben* oder: *Es hängt alles davon ab, was wir unter Leben verstehen! Ein wirkliches Leben, ein Leben, das sich in etwas Lebendigem ablagert, nicht bloß in einem vergilbten Album... Dass ein Leben ein wirkliches Leben gewesen ist, es ist schwer zu sagen, worauf es ankommt. Ich nenne es Wirklichkeit, doch was heißt das! Sie können auch sagen: dass einer mit sich selbst identisch wird. Andernfalls ist er nie gewesen!* – derartige Sätze geben einem schon zu denken. Sie führen mich wieder zum Nachdenken darüber, wie man von seinem Leben erzählen könnte und welcher Stellenwert der *Erinnerung* dabei zukommt. Mit diesen Fragen habe ich mich u.a. in meinem Roman *Das Haus des Dichters* auseinander gesetzt.

*

Die Lesung in *Oldenburg* nimmt Fahrt auf. *Klaus* und ich stimmen den Ablaufplan ab, und gestern gab es eine sehr anspruchsvolle, informative Presse-Erklärung. Klaus schickt auch noch einen Lageplan mit, damit wir den richtigen Eingang zur *Landesbibliothek* finden.

Ich schaue nach längerer Zeit einmal wieder ins Buch und lese mich fest. Diesmal im hinteren Teil, wo es um mein Schreiben geht. Ich wähle die Stellen aus, die ich vorlesen möchte. Andere, wie die über *Erinnerung* werde ich weglassen. Sie eignen sich nicht zum Vorlesen, weil sie zu komplex sind. Und dann ist die Passage im Teil von Klaus, wo es um seine *Van Gogh-Aneignung* geht, sehr eindrucksvoll und gut geschrieben.

*

Ein Geburtstag nach meinem Geschmack. Morgens Telefonate mit *Frauke* und *Klaus*. Um 11 Uhr ein kleiner Imbiss mit einem Glas Sekt. Mittags gehen wir zu *Santo*, unserem Italiener im Viertel. Anschließend in die neue Kunstgalerie, wo wir uns die aktuelle Ausstellung ansehen und danach einen Cappuccino trinken. Nach etwas Ausruhen und weiteren Telefonaten, u.a. mit *Joke*, *Wolfgang*, *Gudrun* und *Nele* gehen wir abends in den *Bunten Hund*, einem Ableger des *Heimathirschen*, wo der Kabarettist *Stefan Reusch* auftritt. Er ist ein früherer Nachbar von uns, den wir vor Jahren schon einige Male gehört hatten. Er liefert eine brillante Vorstellung. Sein Markenzeichen sind kleine Wortverdrehungen und Versprecher, die dazu beitragen, dass man über den Sinn von Aussagen nachzudenken beginnt. Man merkt: sein Programm ist ausgereift, vielfältig und jederzeit intelligent und witzig. Mittlerweile wird er sehr nachgefragt, u.a. im Rund-

funk vom WDR, SWF und Deutschlandfunk. Es ist ihm zu gönnen, da er ein bescheidener, angenehmer Zeitgenosse ist.
Mit von der Partie ist *Frank,* den wir aus dem *Basil's* kennen. Ich hatte ihm den Tipp gegeben, und er ist ebenfalls von Stefan begeistert.
Nach der Veranstaltung wollen wir noch ins Basil's; aber als wir sehen, dass es noch sehr überfüllt ist (dort fand ein Abend mit Karnevalsliedern statt), gehen wir nach Hause und lassen dort den Abend ausklingen.

*

6. – 15.2.: *Wilhelmshaven*

Fahren wegen der Lesung in der *Landesbibliothek Oldenburg,* die am 8.2. stattfindet, nach *Wilhelmshaven.* Wir treffen uns bereits um 15.00 Uhr, um mit der Bibliotheksleiterin letzte Absprachen zu treffen. Alles findet in einer angenehmen Atmosphäre statt.
Klaus und ich ergänzen uns gut, auch weil Klaus und Gabi sich viele Gedanken gemacht haben, wie man Texte und Bilder aufeinander beziehen kann. Das klappt ganz großartig, so dass gar nicht auffällt, dass es sich um die erste gemeinsame Veranstaltung handelt (was *Andreas W.* gar nicht glauben will). Er und Bekannte von Klaus und Gabi aus *Schwerin* sowie ein ehemaliger Kollege aus *Göttingen* sind unter den sehr aufmerksamen und wohlwollenden Zuhörern.

Nach der Veranstaltung geht es noch in ein nahegelegenes Restaurant, wo später noch *Ole, Trisha* und einige Kollegen von Ole aus *Hamburg* dazu stoßen. Sie hatten wegen eines Unfalls auf der A 1 zwei Stunden im Stau gestanden.

Der Aufenthalt in WHV war entspannt. Wir hatten teilweise prächtiges Wetter und konnten jeden Tag unsere Rundgänge um den Hafen zum Südstrand machen.
Am Sonntag waren wir in der *Kunsthalle* zu einer Ausstellung des Malers *David Borgmann,* die uns wegen der ungewöhnlichen Motive und Farbkonstellationen sehr anspricht. Ansonsten verläuft unser Aufenthalt wie immer: zweimal essen wir in der *Blühenden Schiffahrt;* besuchen den Markt und den *Flohmarkt* und entdecken ein sehr ansprechendes Café in der *Rheinstrasse.* Tägliche Lektüre: *Arno Schmidt.* U.a.: *Schwarze Spiegel* und *Kühe in Halbtrauer;* jeweils ausführliche Auszüge aus einem Arno-Schmidt-Lesebuch.

*

Habe heute (19.2.) meinen neuen Gedichtband *Die Beständigkeit des Lichts* fertiggestellt. *Petra* hat die Idee, einige der schwarz-weiß Landschaftsbilder von *Klaus* in das Buch mit aufzunehmen. Klaus begrüßt diese Idee. Nach einigen technischen Schwierigkeiten gelingt es ihr, die Bilder, die wir gemeinsam ausgesucht haben, zu platzieren. (Unser Herr *Faust* von der Firma

CAD, der auch meine Homepage betreut, gab die entscheidenden Tipps. Auch *Ole* und *Joke* boten ihre Hilfe an. Jetzt befindet sich das Buch im Druck, und wir sind gespannt, wie es aussehen wird.

*

Heute wäre *Mutter* 100 Jahre alt geworden. Ich träume schlecht, was mir hinterher stets leid tut. Wir hatten einen heftigen Streit, woraufhin ich ausziehe. Dabei haben wir uns zu ihren Lebzeiten relativ wenig gestritten, aber wenn, dann tatsächlich heftig. Ansonsten hatten wir viel Respekt voreinander. Die schönsten Tage habe ich mit ihr erlebt, als ich in Emden meine Doktorarbeit schrieb, und wir nachmittags mit meinem alten Mercedes durch die ostfriesische Landschaft fuhren, begleitet von sanfter Mozartmusik, die sie sehr mochte.

Immer noch habe ich die Bilder ihrer letzten Tage vor Augen, als *Klaus, Gerhard, Petra* und ich abwechselnd bei ihr waren – nur in der Todesstunde nicht. Als ich zur Nachtwache in ihr Zimmer kam, war sie gestorben. Ich griff im Dunklen nach ihrer ausgestreckten Hand, die bereits erkaltet und starr war. Es war ein furchtbarer Moment. Später hörte ich, dass die Tatsache, dass sie eine zeitlang allein war, ihr wahrscheinlich das Sterben ermöglicht hat.
Aber vielleicht ist das nur ein Trost.

*

Petras Text über *Peter Kurzeck* mit dem Titel: *Die Kunst des Erinnerns* ist im *Blog der Republik* erschienen. Es ist ein sehr gelungener Text, was auch *Uwe Pöhls*, einer der Herausgeber des Blogs, bestätigt hat.

*

Wir gestalten meine *Homepage* neu: Rubrik 1: Bücher und zwar die neuesten zuerst; 2. Lesungen: gleiches Prinzip; 3. Vita; 4. Impressum. Wir schicken die Veränderungen an *Faust/CAD*, der die Homepage verwaltet.

*

23.2. – 1.3.: *Zimmerschied*

Nachdem der neue Fernsehapparat in *Köln* geliefert ist, fahren wir noch am Freitag, den 23.2., bei herrlichem Winterwetter nach *Zimmerschied*. In den Tagen darauf sinkt die Temperatur auf bis zu -13 °; was uns allerdings nicht davon abhält, täglich längere Wanderungen zu machen. Als es auch noch zu schneien anfängt, stapfen wir durch den hartgefrorenen Schnee und überlegen sogar, die Langlaufski rauszuholen. Aber es ist doch zu wenig Schnee, so dass wir davon absehen. Auch unsere Sauna tut uns gut; sich nach einem Durchgang mit dem pulvrigen Schnee abzureiben, erzeugt ein prickelndes Gefühl.

So verbringen wir angenehme, erholsame Tage. Zum Ritual gehört das lange Sitzen am Frühstückstisch bei aufsteigender Sonne; später dann der Sonnenuntergang, der jeden Tag anders verläuft. Bei klarem Himmel gehen wir meist noch raus und schauen wir uns noch Mond und Sterne an. Überhaupt ist das Naturerleben der eigentliche Reiz eines Aufenthalts hier.

Als *Petra* eines Nachts Juckreiz am ganzen Körper bekommt und sich unwohl fühlt, sind wir alarmiert. Wahrscheinlich eine allergische Reaktion auf ein unverträgliches Lebensmittel oder auf ein abgelaufenes Medikament, das sie unvorsichtigerweise genommen hatte. Gott sei dank normalisiert sich ihr Zustand schnell wieder.

Ich besuche unseren Nachbarn *Klaus Breibach*, den wir längere Zeit nicht gesehen haben. Es passt gut: er ist wegen einer Operation an der Lippe krankgeschrieben und *Bianca* ist mit ihrer Frauengruppe im Skiurlaub. Ich bringe Klaus ein Gemälde von *Elias Weisgärber* mit, das wir wegen der neuen Bilder von *Zezo* aussortiert hatten. Es handelt sich um ein Motiv mit einem Oldtimer, der sich im Wald festgefahren hat. Klaus scheint sich über das Geschenk zu freuen. Überhaupt ist die Atmosphäre sehr gelöst. Wir unterhalten uns gut, trinken ein Bier, und ich bin froh, dass der Kontakt wieder hergestellt ist.

Auch einen neuen Nachbarn haben wir. Über mehrere Tage beobachten wir einen Greifvogel, der in der Nähe sein Domizil hat. Er sitzt in den Tannen oder auf dem Friedhofszaun. Durch das Fernglas sieht man deutlich seine Konturen; z.B. eine weiße Halskrause. Dennoch gelingt ist uns nicht, seine Identität festzustellen; es könnte ein Sperber sein. Genaueres lässt sich aus unserem Vogelbuch nicht entnehmen.

*

Petra und ich feiern unser 50jähriges Zusammensein. Damals – 1968 – lud ich sie zu einem Symphoniekonzert ein und anschließend tranken wir beim *Äppelwoi-Becker* in *Wetzlar* reichlich Apfelwein. Wir hatten uns viel zu erzählen und konnten uns gar nicht trennen. Im Grunde ist es so geblieben. Wir haben seither alles gemeinsam gemacht; ob es sich nun um literarische oder wissenschaftliche Interessen handelt; um die Liebe zur Kunst und Musik; um Naturerlebnisse, Reisen und dergleichen. Unser Geheimnis ist – wenn es denn eines ist – dass wir uns stets viel Zeit füreinander genommen haben. Das gilt bis heute.

Gestern nun ein zwangloses Feiern: ich hole uns bei *René* eine 0,375-Flasche Champus; dazu vom Markt ein Stück Kabeljau, das sich fürs *Saltim bocca* eignet. Von *Törtchen-Törtchen* gibt es zwei kunstvoll gemachte Stück Kuchen; später als Hauptessen Lachs mit gemischtem Salat. Dazu unsere Weine von der Mosel, aus Rhein-Hessen und vom Mittelrhein.

Zu unserer besonderen Freude kommt der neue Lyrikband just an diesem Tage an. Mit den Bildern von *Klaus* macht er sich sehr schön – auch das Cover ist anspruchsvoll gestaltet. Wegen der vielen *Haikus* kann man ihn in einem Zug durchlesen. Schicken einen Band an Klaus, dessen Ausstellung in *Oldenburg* heute endet. *Tom*, der zwei meiner Gedichte ins Französische übersetzt hat, bekommt drei Bände.

*

Lese in der FAZ, dass in der *Universitätsbibliothek Gießen* eine Kunstausstellung mit Bildern von *Odo Marquard* stattfindet. Er scheint nicht nur ein Sprachvirtuose, sondern auch ein ausgezeichneter Maler und Zeichner gewesen zu sein. Die abgedruckten Bilder jedenfalls sind beeindruckend.

*

Die SPD gibt heute ihren Mitgliederentscheid zur Groko bekannt. Sie wurde in den Medien und von der Parteiführung derart hochgeschaukelt, dass man den Eindruck bekam, es ginge um die Existenz der Partei. Dabei wird diese durch ganz andere Dinge gefährdet: die mangelnde inhaltliche Substanz und die nahezu vollkommen fehlende Orientierung. Ohne eine klare Distanzierung von ihrem neoliberalen Kurs und vor allem von den Hartz-Gesetzen wird die Partei nie mehr auf die Beine kommen. So wird sie heute wohl wieder in die Groko eintreten und für *Merkel* die Mehrheitsbeschafferin spielen. All die großen Themen wie Frieden, Umwelt, Bildung, Wohnen, Reichensteuern usw. werden erneut auf die lange Bank geschoben. Wie lange wird das noch gut gehen?

*

Große Schwärme von Zugvögeln ziehen über Köln hinweg. Genau an dem Tag, an dem es zum ersten Mal frühlingshaft warm ist.

*

8.3. – 11.3.: *Emden/WHV*

Fahren am 8.3. über die A 31 direkt nach *Emden* ins *Heerens-Hotel*. Bis zur Lesung ist noch Zeit, so dass wir nachmittags die Galerie und das Lese-Café in der Brückstraße besuchen. Gegen 18 Uhr machen wir uns auf zum *Falkenhorst*. Einige bekannte Gesichter sind unter den Besuchern: *Jonny und Babs*; *Gudrun*; *Renate Ewen* (mit der ich vor 60 Jahren zur Volksschule gegangen bin); *Folkert Schwarz* (mit dem ich die Handelsschule besucht habe), und viele Bekannte von *Klaus* sind da, oft Lehrerkollegen und sogar ehemalige Schüler. *Uwe Rozema* verfasst über die Veranstaltung den folgenden Bericht:

Der Falkenhorst Emden war voll besetzt. Viele Interessierte kamen zu der Veranstaltung der AG60+, in der die zwei Referenten, die Brüder Joke (Jg. 45) und Klaus (Jg. 53) Frerichs ihr gemeinsames, kürzlich erschienenes Buch „Einer schreibt, einer malt – zwei Brüder aus dem Emder Arbeitermilieu finden ihren Weg" vorstellten. Unterlegt mit alten Fotos, Passagen aus ihren Büchern, Zeichnungen und Bildern, zeichneten die beiden ihren Weg; einen Weg, der aufgrund ihrer Kinder- und Jugendzeit in der Emder Werftstraße nicht vorgegeben war. In einer nahezu symbiotischen Beziehung tauschten sich die beiden im Laufe der Jahre immer wieder über gemeinsame Interessen und aktuelle Themen aus und bildeten sich weiter. Während Joke Frerichs nach einer beruflichen Ausbildung den „Zweiten Bildungsweg" beschritt und als erster der Familie das Abitur machte, durchlief sein Bruder Klaus die Grundschule und erfolgreich das Gymnasium. Nach dem Studium widmete sich Joke dem literarischen Schreiben, Klaus sich der Malerei. Joke fand seinen Weg über die Lyrik und Kurzprosa hin zum Schreiben von Romanen, Klaus seinen über das Kopieren von Zeichnungen und Gemälden hin zu eigenen Werken. 2009 stellte Klaus Frerichs seine Bilder zum ersten Mal in einer Ausstellung der Öffentlichkeit vor. Der hochinteressante und kurzweilige Abend zeichnete ein Bild von der Entwicklung zweier Brüder, die konsequent ihren Weg suchten und fanden: einer schreibt, einer malt.

Bis auf die Tatsache, dass ich nach dem Studium ca. 30 Jahre als Sozialwissenschaftler gearbeitet habe und erst danach zum Schreiben gekommen bin, ist der Bericht okay. Wir schätzen, dass etwa 60 - 80 Leute anwesend waren; nicht schlecht für einen Donnerstagabend.

*

Nach der Veranstaltung sitzen wir noch mit *Gabi, Klaus* und *Joke* (mein Neffe) zusammen. Letzterer erklärt *Petra*, was er seit einiger Zeit an Projekten macht. Hatten lange nichts mehr von ihm gehört.

Wir übernachten im *Heerens-Hotel* (eine sehr gute Adresse; Tipp von Klaus) und fahren am nächsten Tag nach einem Besuch bei *Frauke* nach *Wilhelmshaven*. Dort installieren wir den von Köln mitgebrachten Fernseher und hängen in Petras Zimmer das Aktbild auf, das wir mit einem Bild von *Zezo* getauscht haben.

Auf der Rückfahrt von WHV nach Köln bricht uns auf einem Parkplatz zwischen *Osnabrück* und *Münster* der Zündschlüssel auseinander. Es gelingt uns nur mühsam, ihn einigermaßen wieder zusammen zu setzen, so dass wir nach Köln zurückfahren können, wo sich der Ersatzschlüssel befindet.

Ebenfalls auf der Rückfahrt hören wir störende Geräusche, die von den Hinterrädern stammen könnten. Bringe am nächsten Tag den Wagen zur Werkstatt. Wie sich herausstellt, sind die Bremsscheiben defekt; auch die Bremsklötze sind abgenutzt. Der Mechaniker meint, wir hätten Glück im Unglück gehabt. Die Bremsscheiben hätten blockieren können. Das Ganze kostet uns 1.200 E.

*

Lese den Abschnitt *Der Großinquisitor* aus den *Brüdern Karamasoff* von Dostojewski. Eine sehr intensive Passage des Romans. Jesus kommt auf die Welt zurück und sieht sich einer Ansprache des Großinquisitors ausgesetzt – zum Verhör fehlt das dialogische Moment. Der Vorwurf lautet: *Warum also bist Du gekommen, uns zu stören? Denn Du bist uns stören gekommen! Das weißt Du selbst. Aber weißt Du auch, was morgen geschehen wird? ... Morgen werde ich Dich richten und dich als den ärgsten aller Ketzer auf dem Scheiterhaufen verbrennen, und dasselbe Volk, das heute noch Deine Füße geküsst hat, wird morgen auf einen einzigen Wink meiner Hand zu Deinem Scheiterhaufen hinstürzen, um eifrig die glühenden Kohlen zu schüren, – weißt Du das?*

Jesus habe der Menschheit die Freiheit gebracht, mit der diese nichts anzufangen wussten, das habe die Geschichte der letzten fünfzehn Jahrhunderte gezeigt. Lieber hätten sie dafür Brot gehabt, aber mit seinem Diktum *Der Mensch lebt nicht vom Brot allein,* habe er die Freiheit vorgezogen.
Die katholische Kirche habe sich der Menschen angenommen, um das Werk Jesu zu vollenden. Durch die Autorität, die die Kirche verkörpere, sei wieder Ordnung geschaffen worden. Die Kirche sei es, die das *Geheimnis des Glaubens* hüte und vor der Schwäche der Menschen aufbewahre. Sie sei es auch, die den Menschen ihre Sünden gestattet, weil sie ohne diese nicht

leben könnten. Aber die Kirche ist es auch, die diese vergeben. Die Quintessenz des Ganzen lautet: Der Mensch ist zur Freiheit nicht fähig; als Einzelner ist er zu schwach; daher bedarf es der Autorität einer übergeordneten Instanz, die den gemeinsamen Glauben repräsentiert und zwischen Gut und Böse entscheidet.

*

Nach langer Zeit einmal wieder in der *Innenstadt*. Wir wollen entspannen und uns für die Strapazen der letzten Zeit *belohnen*. Es scheint, die Stadt wird immer hässlicher, man könnte auch sagen: seelenloser. Hektisch und schmutzig ist es überall.
Wir gehen zu Fuß durchs *Musikviertel*, *Eigelstein*, dann am *Klingelpütz* vorbei Richtung *Berlich*. In einem neumodischen Café an der *Breite Straße* trinken wir einen Cappuccino und zahlen dafür über 8 E. Der Kaffee ist schlecht (mehr Milch als Kaffee) und wird von einem arroganten Kellner gebracht. Wir versuchen es weiter in der Lebensmittelabteilung von *Karstadt*. Hier gab es früher eine kleine Gourmetecke, wo man einen Wein oder Sekt nehmen und eine Kleinigkeit essen konnte. Nichts davon zu sehen, außer einem Mittagstisch mit Allerweltsangeboten und unverschämten Preisen (Rotbarsch mit Kartoffeln für 16,90 E). Wir geben es schließlich auf, da unsere Stimmung zu kippen droht. Durchs umgebaute *Gerlingsquartier* gehen wir Richtung *Mediapark*. *Petra* hat die Idee, zum Italiener *Angelo* am *Sudermannplatz* zu gehen, wo wir längere Zeit nicht

waren. Wir staunen nicht schlecht. Das Lokal ist vollständig renoviert worden; mit anspruchsvollem und doch gemütlichem Mobiliar und netten Leuten. Es gibt frischen Fisch. Wir bestellen eine *Dorade* und *Loup de mer*. Das Ganze wird in der Pfanne in Olivenöl kross gebraten und schmeckt herrlich. Dazu gibt es einen italienischen Weißwein und anschließend zwei Espressi. Wir haben uns sofort wieder wohlgefühlt und werden nun des Öfteren hier einkehren; vor allem in der wärmeren Jahreszeit, wenn man draußen sitzen und mit dem Fahrrad herfahren kann.

Wieder in *Nippes*, besuchen wir ein türkisches Café, das vor kurzem an der *Neusser Straße* eröffnet wurde. Spezialität: Nüsse, Pistazien, Feigen, Datteln u.a. Im hinteren Teil kann man gemütlich sitzen und Tee oder Kaffee trinken. Wir nehmen uns einige Sachen mit nach Hause, da sie gut zum Wein passen.

*

Rob fragt an, ob wir uns im *Basil's* treffen können. Wir unterhalten uns wie immer gut. Er möchte gern etwas mit mir zusammen machen; Texte und Bilder zu *Stadtansichten* schweben ihm vor. Allerdings ist er sehr beschäftigt, so dass es keine konkreten Absprachen gibt.

Auch mit *Valentin*, dem Schauspieler, unterhalte ich mich. Er hat meinen Text über *Die Realitätserfahrung des Schriftstellers* im *Blog der Republik* gelesen, der soeben erschienen ist. Er zeigt mir ein *Reclam-Bändchen* von *Odo Marquard*, im neuen Layout, gestaltet von *Friedrich Forssmann*, der vor kurzem in der *a Lasko-Bibliothek* in *Emden* referiert hat und von dem *Gabi und Klaus* so viel am Abend nach unserer Lesung erzählt haben. Petra liest z.Zt. von ihm: *Wie gestalte ich ein Buch*. Als ich Valentin erzähle, dass ich bei Odo Marquard Philosophie studiert habe, staunt er nicht schlecht. Ich empfehle ihm einen weiteren Reclam-Band von M.: *Abschied vom Prinzipiellen*.

Mit Rob vereinbare ich, dass wir in der kommenden Woche zu seiner *Ausstellungseröffnung* kommen.

*

Ich bekomme nahezu täglich Rückmeldungen auf meine Bücher. Z.B.: *Tom* liest gerade den neuen Gedichtband. Er macht sich Notizen zu einzelnen Gedichten und würde sich gern mit mir treffen, um darüber zu reden. Vor allem die *Haiku-Form* hat es ihm angetan.
Sabine erzählt, dass sie am *Opa-Kapitel* der *Begegnungen* angelangt ist; meist würde sie vor der Arbeit noch einen Abschnitt aus dem Buch lesen.

*

Mein *Balzac*-Beitrag ist im *Blog der Republik* erschienen. U. *Pöhls* schreibt, es sei das *Wort zum Sonntag*. Passt ganz gut, auch weil es ein kurzer Text ist.

*

Arbeite sporadisch am *Familien*-Roman; aber ziemlich lustlos. Man hat das Gefühl, alles ist schon gesagt und zwar mehrfach. Auch finde ich keine richtige Form für das Ganze. Am ehesten schwebt mir noch Kempowskis *Tadellöser & Wolff* vor. Aber auch das ist recht vage.
Immerhin: ich lese Kempowski noch einmal, und es macht sogar Spaß, diesen lakonisch-ironischen Stil zu lesen.

*

Schicke *Valentin* meinen Text über *Erinnerung und Sprache*; als Reaktion auf seinen *Versuch einer Erzählung*, den er mir geschickt hatte.

*

Im *Bezirksrathaus Nippes* findet die Vernissage zur Fotoausstellung von *Rob* statt. Eine sehr ansprechende Auswahl von Fotos mit *Stadtansichten*. Rob schafft es, Farbkonstellationen herzustellen, die wie gemalt wirken. Sehr kunstvoll. Er berichtet, dass er bis zu zehnmal an die gleiche Stelle fährt, um das gewünschte

Licht zu haben. Nach der Veranstaltung, zu der auch *Liebs* gekommen waren, sitzen wir noch in kleiner Runde im *Basil's* zusammen. Für Wolfgang hatte ich wegen der 68er-Bezüge das Buch von *Klaus* und mir dabei.

*

Besuche *Zezo* in seinem Atelier im Rechtsrheinischen. Er wirkt ganz entspannt. Er hat offenbar seine Einstellung zur Arbeit und zu anderen Dingen des Lebens geändert; will sich weniger unter Druck setzen. Auch plant er mit einem Kollegen zusammen kleinere Ausstellungen für *normale* Leute. Die professionellen Kritiker ödeten ihn schon lange an. Ich kann ihm da nur zustimmen und bestärke ihn in seinem Entschluss: *Die Urteile der einfachen Leute sind viel direkter und ehrlicher als die der sog. Experten, die oft von fixen Standpunkten oder Interessen geprägt sind.* Das ist auch seine Erfahrung.
Erfreulich: er liest im *Blog der Republik* unsere Beiträge. Meinen über *Die Wellen* hat er sich kopiert, weil er einige Zitate daraus verwenden will. Den *Balzac*-Text findet er höchst aktuell und meint, die jungen Leute würden solche Bücher wahrscheinlich gar nicht mehr lesen.
Wir unterhalten uns ca. eine Stunde, was uns Beiden jedes Mal gut tut.

*

Wolfgang schreibt zum Buch von *Klaus* und mir:

vielen Dank für Dein neues Buch. Es hat mich Dir noch näher gebracht. Mich hat, weil ich ja da auch in letzter Zeit in meine Erinnerungen versunken bin, natürlich Dein Erleben der Studentenbewegung besonders interessiert. Ich hielt selbst auch viele Illusionen der „linksradikalen" Studenten"führer" für abgehoben, aber ich hatte nicht die Verankerung im Arbeitermilieu und nicht den Kontakt zu Arbeitern oder Gewerkschaftern, die mich so wie Dich geerdet hätte. Dennoch - und das habe ich ja auch geschrieben – hielt ich nach meinem Erleben Dutschke und einige andere „Zitatkönige" wie Krahl oder K-D Wolff auch für eitel, selbstgerecht und narzisstisch. Selbst im Berliner SHB hat mich das hohle Sprachspiel einiger Genossen genervt. Ich habe dieses geschwollene Geschwätz einfach nicht verstanden, und zum Glück gab es in der Gruppe für mich einige Autoritäten, die das genauso sahen. Das hat mich stabilisiert. Dein „Joel" hat Vieles richtig auf den Punkt gebracht. Das mit den angereisten Demonstranten, die im Auto ihre Kampfkleidung anlegten, habe ich allerdings so nicht erlebt, aber es waren natürlich viele Mitläufer dabei und ich kenne ja viele, die von ganz links unten angetreten sind und sich zu reaktionär gesinnten Zynikern gewandelt haben. Joschka Fischer ist da nur ein Beispiel unter vielen. Treffend und schön gesagt fand ich den Satz: „Die fragende Generation und die schweigende Generation, sie hatten sich nichts zu sagen. Die einen waren unfähig zu trauern; die anderen glaubten, den Aufwind der Geschichte unter ihren Flügeln zu spüren." Das meinte ich, wenn ich geschrieben habe, dass man sich als „historisches Subjekt" gefühlt hat. Ich kann nachvollziehen, dass Du im Laufe der Zeit eine größer werdende Distanz zur Studentenbewegung empfunden hast. Mir ging es nach meinen bitteren Erfahrungen im Verband Deutscher Studentenschaften mit den sog. „Antiautoritären" aus Frankfurt genauso und die K-Grüppler der 70er Jahre fand ich nur noch lächerlich. Gemeinsam ist uns aber doch geblieben, dass wir nicht die Seite gewechselt haben.

*

Zezo schreibt zum neuen Gedichtband Die Beständigkeit des Lichts:

Wenn Worte Farben wären und das Blatt Leinwand, dann hast du sehr schöne Bilder gemalt.
Bei den besten monochromen Bildern deines Bruders merkt man, dass die nicht monochrom sind.
Danke für deinen Besuch und die aufmunternden Worte!
Meinem Hund geht es besser. Erstaunlich wie sehr man ein Tier liebt! (sagt nichts Gutes über das reale Leben oder?)
Apropos: eine Wiederholung von mir (subjektiv): deine große Stärke ist die "Verdichtung und Komprimierung".

*

Ein Professor Schlömerkemper schreibt eine Empfehlung für die Zeitschrift Pädagogik zu unserem Buch:

Wie sich zwei Jungen gegen Vorurteile (»Arbeiterkinder sind dumm!«) behaupten und in der Auseinandersetzung mit »68« ihre je eigenen Wege suchen, wird mit vielen Beispielen authentisch nachvollziehbar gemacht. – Beeindruckende Erinnerungen an bewegende Zeiten und auch anrührende Dokumente ungewöhnlicher Lebensläufe. Sie soll im Juli-August-Heft der Zeitschrift "PÄDAGOGIK" erscheinen.

*

Schließe meinen Artikel *Die Faszination der Krimis*, den ich an den *Blog der Republik* schicken werde, ab. Darin habe ich vor allem den Roman *Einladung an alle* von *Wellershoff* verarbeitet, den man in Teilen ja durchaus als Kriminalroman lesen kann.
Danach beginne ich mit einer Rekonstruktion unseres *Wellershoff*-Vortrags, den wir in der *a Lasko-Bibliothek Emden* gehalten haben. Ich möchte einen Dreiklang aus *persönlichem Zugang, Textbeispielen und Inhaltsanalysen* herstellen, so wie wir es seinerzeit auch gemacht haben.

*

5.4. – 9.4.: Zimmerschied

Erleben den Frühlingsbeginn in *Zimmerschied*. Immer wieder ein Traum und immer wieder neu. Die Natur explodiert förmlich, und ein nicht enden wollendes

Vogelkonzert belohnt uns. Wir richten uns auf dem *Olymp* neu ein; bringen unsere Räder in einen fahrbereiten Zustand und vor allem: wir können den ganzen Tag draußen sitzen und die warme Frühlingsluft genießen.
Leider habe ich von *Köln* eine unangenehme Erkältung mitgebracht, die hier voll ausbricht. Es bleibt nur, das Beste draus zu machen.
Da das Wetter umschlägt, fahren wir zurück; auch weil *Petra* erste Anzeichen einer nahenden Erkältung spürt. In Köln ist der Zugang zu Apotheken erheblich problemloser, zumal die Medikamente, die wir in *Niederelbert* besorgt hatten, kaum anschlagen.

*

Wir überarbeiten unseren *Wellershoff*-Text aus den *Lesespuren* für den *Blog der Republik*. Wir werden der Redaktion vorschlagen, 3 Folgen aus unseren Texten zu machen: Erstens: Zur Faszination der Krimis; zweitens: unseren Emder-Vortrag über sein literarisches Werk; drittens: einige Werk-Interpretationen aus den Lesespuren. Könnte für einige, die W. gar nicht kennen, ganz interessant sein.

*

Kuriere immer noch meine Erkältung aus, die vor einer Woche virulent wurde. Diesmal ist sie besonders schmerzhaft und zäh, so wie man es reihum seit Wochen erlebt hat. Ich hoffe nur, dass *Petra* verschont bleibt. Man ist doch sehr eingeschränkt: kein Wein; keine Spaziergänge; Müdigkeitszustände usw.

*

Lese immer wieder in den Tagebüchern von *Fritz J. Raddatz*. Sie treffen ziemlich genau die Empfindungen, die auch mich umtreiben, wenn ich mich umschaue, was drum herum so abläuft: in der Literatur, aber auch in der Politik. R. nimmt seismographisch die Veränderungen in der Gesellschaft wahr; sowohl im engeren Umfeld, als auch darüber hinaus. Aufgrund seiner Sensibilität und Empathie hat er ein Gespür für das, was schief läuft. Vielen gilt er deshalb als larmoyant; aber was heißt das schon. Besser als ignorant. Wenn man sieht, was alles falsch läuft und wie wenig Empörung dies auslöst, dann ist mir jemand wie R. viel näher als die sog. Realisten. Vor allem kann man sich auf sein literarisches Urteilsvermögen verlassen. Da ist er unbestechlich: ob *Tolstoi* oder *Proust*; er kritisiert sie begründet. Schmerzlich ist es jedes Mal zu sehen, wie die zeitgenössischen Literaten – allen voran *Grass, Rühmkorf; Fichte; Hochhuth* u.v.a. ihn für ihre Zwecke instrumentalisiert haben. Er hatte keine Freunde; mit Ausnahme des Malers *Paul Wunderlich*, dem ja die Anerkennung ebenfalls verwehrt blieb.

*

Schicke unseren *Emder Vortrag* über das literarische Werk *Dieter Wellershoffs* an den *Blog der Republik*. Vorab sende ich ihn an *Wolfgang* und *Klaus*. Klaus teilt daraufhin mit, dass er ihn bisher an 14 weitere Adressaten weitergeleitet hat.

*

Die *USA*, *England* und *Frankreich* haben Raketenangriffe auf *Syrien* gestartet. Man hatte es offenbar eilig: bloß keine internationale Untersuchung über die Urheber des Giftgasangriffs abwarten. Genauso wurde im Fall des russischen Spions verfahren. Der Täter steht fest, bevor die Beweise vorliegen. Es scheint Methode zu haben, und offenbar kann sich der sog. Westen nur noch durch derartige Aggressionen auf gemeinsame Ziele verständigen. Und natürlich tapert die deutsche Politik im Gleichschritt mit, vor allem in Gestalt dieses neuen, erbärmlichen Außenministers *Maas* von der SPD. Dagegen war *Sigmar Gabriel* geradezu eine Lichtgestalt.
Nicht zu übersehen ist, dass die Beteiligten mit ihrem Vorgehen auch innenpolitische Ziele verfolgen. *Trump* steht das Wasser wegen diverser Skandale bis zum Hals; ebenso *May* nach ihrem Brexit-Desaster. Und *Macron*, der wegen des eingeleiteten Sozialabbaus zum ersten Mal Gegenwind spürt, würde sich gern als entschlossener, starker Mann präsentieren. Es sind insgesamt armselige Zeitgenossen, die da am Werk sind.

*

Stöbere mit großem Interesse erneut in Safranskis *Heidegger*-Buch: *Ein Meister aus Deutschland*, das bereits 1994 erschienen ist und mich immer wieder fasziniert. Natürlich kenne ich die politischen Vorbehalte gegenüber Heidegger: dessen zeitweilige Hinwendung zum Nationalsozialismus; die Unschärfe seiner philosophischen Begrifflichkeit, die *Adorno* im *Jargon der Eigentlichkeit* vorgeführt hat u.a.m. Aber ich bin – wie in anderen Fällen auch, wie z.b. *Benn, Gehlen, Carl Schmitt u.a.* – für eine strikte Trennung von Werk und Politik. D.h.: man sollte erst einmal das Werk kennen, dann kann man die politische Auffassung H.s immer noch kritisieren. So in etwa hat es *Hannah Arendt* mit *Heidegger* gehalten; ebenso *Herbert Marcuse* oder *Günther Anders* – alles Heidegger-Schüler, die gewiss nicht verdächtig sind, seinen politischen Ansichten auf den Leim gegangen zu sein.

Wie Safranski es versteht, schwierige philosophische Zusammenhänge nachvollziehbar darzustellen ohne sie zu banalisieren, das ist einzigartig und verdient höchsten Respekt.
Die Steigerung der Heidegger-Lektüre besteht für mich darin, ihn im richtigen *Kontext* zu lesen. Ich hatte in Köln mit der Lektüre begonnen; sehnte mich aber danach, ihn im Freien und an der frischen Luft zu lesen. Als bedürfe diese philosophische Annäherung eines gewissen „Luftzugs", um abgestandenes

Gedankengut wegzublasen und Raum für neue Sichtweisen zu schaffen.

Nichts kam meinem Grundgefühl so sehr entgegen wie die Atmosphäre des geradezu explodierenden Frühlings in der Abgeschiedenheit *Zimmerschieds*. Hier inmitten der allseits erwachenden Natur stellt sich die *Stimmung* ein, die man m.E. braucht, um sich in die Philosophie Heideggers hinein zu versenken. Damit hat es folgendes auf sich: Es ist nicht so sehr das Nachvollziehen seines philosophischen Vokabulars, seiner oft spitzfindigen oder obskuren Begrifflichkeiten, das reizt; vielmehr geht es um eine bestimmte Einstellung oder gar Bereitschaft, sich überhaupt auf philosophische Fragen einzulassen. Und zwar geradezu *voraussetzungslos*, ohne den Ballast philosophischer Vorkenntnisse. Safranski betont des Öfteren, Heidegger sei ein Meister des Anfangs:

Vielleicht zeigt die Philosophie am eindringlichsten und nachhaltigsten, wie anfängerhaft der Mensch ist. Philosophieren heißt am Ende nichts anderes als Anfänger sein (Heidegger). Safranski fährt fort: *Heideggers Lob des Anfangens ist vieldeutig. In den Anfängen der Philosophie in Griechenland suchte er nach der vergangenen Zukunft, und in der Gegenwart wollte er den Punkt entdecken, wo mitten im Leben die Philosophie stets aufs Neue entspringt. Solches geschieht in der – S t i m m u n g . Er kritisiert die Philosophie, die vorgibt, sie begänne mit Gedanken. In Wirklichkeit, sagt Heidegger, fängt sie mit einer Stimmung an, mit dem Staunen, der Angst, der Sorge, der Neugier, dem Jubel.*

Es sind diese alltäglichen Grundstimmungen, an die er anknüpft: Da ist z.B. eine, die er als *Sorge* charakterisiert. Damit ist nicht gemeint, dass man sich hin und wieder ‚Sorgen' macht. Für Heidegger ist *Sorge ein Grundmerkmal der conditio humana*. Er verwendet den Begriff im Sinne von *Besorgen, Planen, Bekümmern, Berechnen, Voraussehen*. Dabei ist der *Zeitbezug* entscheidend. Da heißt es: *Sorgend kann nur ein Wesen sein, das einen offenen und unverfügbaren Zeithorizont vor sich sieht, in den es hineinleben muss. Wir sind sorgende und besorgende Wesen, weil wir den nach vorne offenen Zeithorizont ausdrücklich erfahren. Sorge ist nichts anderes als gelebte Zeitlichkeit.*

Mit dem fundamentalen Hinweis darauf, dass die menschliche Existenz zeitlich ist, dass wir nur eine begrenzte Zeit zur Verfügung haben, zwingt Heidegger uns, eine unhintergehbare Daseinsbedingung zur Kenntnis zu nehmen und wendet sich entschieden gegen *die oft anhaltende, ebenmäßige und fahle Ungestimmtheit mit Spuren von Überdruß und Langeweile*. In der *alltäglichen Betriebsamkeit*, die die Menschen umtreibt, sieht er eine *Flucht vor dieser Stimmung*: die Menschen sollen sich eingestehen, wie es um sie steht; sie sollen zur Besinnung, zum Nachdenken über sich und ihr Leben kommen – das ist es, was Heidegger vermitteln möchte. Diese Einsicht kann durchaus zwiespältig wirken: sie kann *Angst* auslösen, weil Gewohnheiten und Routinen hinterfragt und auf ihre Sinnhaftigkeit überprüft werden. Und sie kann so etwas wie einen *Kontingenzschock* auslösen, weil plötzlich alles offen und unbestimmt erscheint. Es könnte sich erweisen, dass hinter dem Vertrauten, Alltäglichen das *Nichts* lauert; die große, gähnende *Leere*. Safranski schreibt: *Heideggers Analyse der Angst hat ausdrücklich nicht die Todesangst zum Thema. Man könnte eher sagen, dass ihr Thema die Angst vor dem Leben ist, vor einem Leben, das einem plötzlich in seiner ganzen Kontingenz gegenwärtig wird. Die Angst macht offenbar, dass alltägliches Leben auf der Flucht vor seiner Kontingenz ist. Das ist der Sinn aller Versuche, sich festzuleben.* Die Analyse der Angst hat für Heidegger eine erkenntnisfördernde Funktion: Danach hat die Philosophie die Aufgabe, *den Menschen radikal der Angst auszuliefern*, ihm gewissermaßen einen Schrecken einzujagen, ihn zurückzuzwingen in die *Unbehaustheit*, um von diesem Ausgangspunkt den Blick frei zu bekommen für das Bewusstsein seiner endlichen Existenz.

Nur unter dieser Voraussetzung wird es nach Heidegger möglich sein, die *Intensität des Daseins* zu steigern. Und darum geht es Heidegger: um *Intensitätssteigerung*. Sein Credo könnte lauten: *Tu, was du willst, aber entscheide dich selbst und lass dir von niemandem die Entscheidung und damit auch die Verantwortung abnehmen.* Und wozu, wofür? könnte man fragen: *Nicht für ein in der Ferne liegendes Geschichtsziel; wenn es überhaupt ein Ziel gibt, es ist dieser Augenblick selbst. Es geht um eine Steigerung des Daseinsgefühls.*

Vielleicht ist es das, was Heideggers Philosophie so reizvoll macht: Sie entspringt dem Leben; insofern ist es, was deren Begrifflichkeiten angeht, voraussetzungslos. Man muss sich nur auf den Weg machen und bereit sein, mitzugehen. Alles andere stellt sich wie von selbst ein. Schon sehr früh schreibt er: *Das ‚Denken' kann sich nicht mehr einzwängen lassen in die unverrückbaren ewigen Schranken der logischen Grundsätze. Da haben wir`s schon. Zum streng logischen Denken gehört, das es sich gegen jeden affektiven Einfluß des Gemüts hermetisch abschließt; zu jeder wahrhaft voraussetzungslosen philosophischen Arbeit gehört dagegen ein gewisser Fonds ethischer Kraft, die Kunst der Selbsterraffung und Selbstentäußerung.*

Immer schon haben mich Heideggers Studien zum Phänomen der *Zeit* fasziniert. Ich kann gar nicht so genau sagen, was mich daran fesselt: keine der von ihm verwendeten Grundbegrifflichkeiten versteht man so ganz; da befinde ich mich in bester Gesellschaft sogar mit *Hannah Arendt* u.a. Und doch spürt man, dass er an existentielle Grundbefindlichkeiten rührt, die einen in den Bann ziehen. Dieses Grundgefühl, nur *zeitlich begrenzt in der Welt zu sein* und sich darin zurechtfinden zu müssen, das hat etwas (es findet sich z.B. auch im Werk von Dieter Wellershoff immer wieder als literarisches Motiv). Vielleicht ist es dieses *Existentielle*, das mich anspricht. Dieses Zurückgehen auf einen Ausgangspunkt, von dem aus man sich die Welt erschließt – gedanklich, emotional und praktisch. Dazu bedarf es keines philosophischen Lehrgebäudes als Voraussetzung. Es sind die Alltagserfahrungen des Menschen, von denen H. ausgeht. Das macht es so reizvoll, sich mit ihm auf eine philosophische Exkursion zu begeben. Man hat – bei aller begrifflichen Unschärfe – das Gefühl: was da verhandelt wird, geht mich etwas an. Es hilft mir, die Dinge sensibler wahrzunehmen und tiefer zu verstehen.

Resümierend schreibt Safranski über die Philosophie Heideggers:

Es gibt keine ‚Resultate' der Philosophie des Heideggerschen Denkens, wie es ‚Resultate' der Philosophie eines Leibniz, Kant oder Schopenhauer gibt. Heideggers Leidenschaft war das Fragen, nicht das Antworten. Das Fragen konnte ihm deshalb als Frömmigkeit des Denkens gelten, weil es neue Horizonte eröffnete – so wie einst die Religion, als sie noch lebendig war, die Horizonte weit gemacht und das, was darin erschien, geheiligt hatte. Eröffnende Kraft besitzt für Heidegger besonders die e i n e Frage, die er sein philosophisches Leben lang gestellt hat: die Frage nach dem Sein. Der Sinn dieser Frage ist kein anderer als dieses Offenhalten, dieses Verrücken, Hinausrücken in eine Lichtung, wo dem Selbstverständlichen plötzlich das Wunder seines ‚Da' zurückgegeben wird; wo der Mensch sich als Ort erfährt, wo etwas aufklafft, wo die Natur ihre Augen aufschlägt und bemerkt, dass sie da ist, wo es also inmitten des Seienden eine offene Stelle, eine Lichtung gibt, und wo die Dankbarkeit möglich ist, dass es dies alles gibt. In der Seinsfrage verbirgt sich die Bereitschaft zum Jubel. Die Seinsfrage im Heideggerschen Sinne bedeutet, die Dinge zu lichten, so wie man die Anker lichtet, um befreit in die offene See hinauszu-

fahren. Es ist eine traurige Ironie der Geschichte, dass die Seinsfrage in der Heidegger-Rezeption zumeist diesen eröffnenden, lichtenden Zug verloren und das Denken eher eingeschüchtert, verknotet und verkrampft hat.

An anderer Stelle bei Safranski heißt es, Heidegger habe dabei helfen wollen, ins Leben so hineinzublicken, *als sei es das erste Mal. Aufklärung war für Heidegger die Wiederherstellung des Frühlichts bei der überraschenden und darum überwältigenden Ankunft des Daseins in der Welt. Das war das große Pathos von Heideggers Anfängen: Das Verdeckende, Gewohnte, Abstraktgewordene, Erstarrte beiseite schaffen – destruieren. Und was soll sich zeigen? Nichts anderes als das, was uns umringt, ohne uns zu beengen, dieses ‚Da' unseres Daseins. Das gilt es auszukosten und zu erfüllen. Heideggers Philosophie hat niemals aufgehört mit diesem Exerzitium des Sehenlassens.*

Ich frage mich, ob der moderne Mensch – vor allem der Großstadtmensch – der rastlos durch seinen Alltag hetzt und mehr und mehr von allen möglichen Medien abhängt, über die er sich informiert und die Welt wahrnimmt – zu einer Philosophie, wie Heidegger sie gelehrt und gelebt hat, überhaupt noch einen Zugang finden kann. Ich vermute, eher nicht. Denn um Heidegger zu verstehen, muss man ähnliche Erfahrungen machen wie er. Man muss Naturerlebnisse suchen und sich in diese hineinversetzen; man muss meditieren und die Dinge ganz absichtslos betrachten, ohne einen Gedanken an Zwecke oder Nutzanwendungen. So, als würde man alles zum ersten Mal anschauen. Beim Sonnenaufgang oder -untergang oder beim Blick in den abendlichen Sternenhimmel kommt es eben nicht darauf an, das Postkartenidyll nachzuahmen; vielmehr muss man wahrnehmen, was mit einem selbst passiert, welche Daseinserfahrung man macht, welche Gefühle von Demut und Geheimnis in einem ausgelöst werden, so als habe man soeben seinen Standort in der Welt entdeckt. Man muss seine eigenen Erfahrungen machen, einen langen Waldspaziergang absolvieren und plötzlich in eine Lichtung eintauchen, die einem den weiten Horizont öffnet, der neue Geheimnisse bereit hält, die zu *entbergen* sind. So in etwa wird man sich eher der Philosophie Heideggers nähern als im trüben Licht der Schreibstube. Und der empathiefähige Safranski scheut sich nicht, uns diesen Pfad der Erkenntnis zu öffnen.

Gleichzeitig erfährt man bei ihm viel über die Philosophie der Zeit um die Jahrhundertwende; auch betrübliches. Z.B. die Glorifizierung des Ersten Weltkrieges als Werk des *Geistes* über die Materie, der *Vernunft* über den Verstand; der *Kultur* über die Zivilisation und was der Beschreibungen noch sind. Für Heidegger sind es eher Anzeichen dafür, wie prekär und gefährlich es ist, sich auf den sog. Kulturleistungen auszuruhen und sie als unverrückbare Errungenschaften des Geistes aufzufassen. Er wirft den Vertretern dieser Richtung vor, es sich in den Behausungen des Geistes bequem zu machen. Denn wenn der Zustand der Kultur *geronnen* sei, habe man sie in Wirklichkeit bereits verloren. *Für Heidegger besteht das Problem darin,, dass der Mensch sich in der selbstgeschaffenen Kultur festlebt, auf der Suche nach Halt und Geborgenheit, und dadurch das Bewusstsein seiner Freiheit verliert. Es gilt, dieses Bewusstsein wieder zu erwecken. Das leiste keine Philosophie des Kulturbehagens.*

Eine weitere Seite des Heideggerschen Denkens, die mich inspiriert, ist seine Auffassung von *Technik*. Anfang der 50er Jahre setzt eine intensive Debatte um die Gefahren der Atombombe ein. *Günther Anders* ist einer der Diskutanten. In seinem Buch über *Die Antiquiertheit des Menschen* hatte er dargestellt, dass der Mensch mittlerweile Produkte herstellt, deren Wirkung er sich gar nicht mehr vorstellen kann und die er nicht mehr beherrscht. Im Gegenteil; sie beherrschen ihn.

Die Folgen dieser Entwicklung sind dramatisch: Die Technik ist nicht länger nur ein Mittel zum Zweck, sondern sie steuert auch das Denken des Menschen und verändert auf diese Weise sein *Inneres*: Das Sehen, Hören, Sprechen, das Verhalten und die Reaktionsweisen. (*Hier ist die Kritik, die gegenwärtig der Funktionsweise von Algorithmen gilt, bereits ansatzweise vorformuliert!*). Die Erfahrung der Zeit und des Raumes haben sich durch die modernen Verkehrsmittel und Medien fundamental verändert. Die technische Entwicklung besitzt eine Eigendynamik, die ein Aussteigen nicht mehr möglich macht. Die Ausbeutung des Menschen durch den Menschen wird ergänzt durch die Ausbeutung der natürlichen Ressourcen. Indem die Technik alles verfügbar macht und nichts Unantastbares und Heiliges mehr kennt, zerstört sie letztlich die Grundlagen der menschlichen Existenz.

Das in etwa ist der Stand der Debatte, an die Heidegger anknüpft. Ihm geht es darum, aufzuzeigen, wie es dazu kam, dass die menschliche Welt sich in ein technisches Universum verwandelt hat. Für ihn liegt der Ursprung dieser Entwicklung *in der Art, wie wir der Natur gegenübertreten. Ob wir sie von sich aus hervorkommen lassen oder ob wir sie herausfordern*. Technik ist für Heidegger eine Weise des *Entbergens*. *Das Entbergen, das die moderne Technik durchherrscht, hat den Charakter des Stellens im Sinne der Herausforderung*. Der Gegenbegriff zur Herausforderung ist das *Hervorbringen im Sinne des Hervorkommenlassens*. Michelangelo sagt einmal, die Plastik ruht schon im Stein, man muss sie nur daraus befreien. So in etwa hat man sich das vorzustellen, was Heidegger mit Hervorbringen und Hervorkommenlassen meint.

Durch den technischen Zugriff verwandelt sich die Natur in eine Ressource der Ausbeutung. Alles wird zum Objekt der Berechnung oder Verwertbarkeit. Die Technikfolgen werden durch immer neuen Einsatz der Technik kompensiert. Der Mensch hat die Natur herausgefordert und jetzt fordert sie ihn heraus. So schließt sich der Kreis zu einem unendlichen Kreislauf der *Seinsvergessenheit*. Die Technik ist etwas vom Menschen Gemachtes, *aber wir haben ihr gegenüber die Freiheit verloren.* Wir sind von ihr abhängig, und damit droht unser Leben *eindimensional* und *alternativlos* zu werden. Die Erinnerung an eine andere Art der Weltbegegnung und des Weltaufenthalts wird ausgelöscht. *Die Bedrohung des Menschen kommt nicht erst von den möglicherweise tödlich wirkenden Maschinen und Apparaturen der Technik. Die eigentliche Bedrohung hat den Menschen bereits in seinem Wesen angegangen.* Es könnte dem Menschen versagt sein, *in ein ursprüngliches Entbergen einzukehren und so den Zuspruch einer anfänglicheren Wahrheit zu erfahren.*

Diese *anfänglichere Wahrheit* – das ist die Wahrheit des freien Blicks auf die Dinge. *Den Baum blühen lassen in der offenen Lichtung des Seins, damit das Seiende* wieder zu sich selbst gelangen kann. Es ist die Erwartung, dass die Natur anders antworten könnte, wenn wir sie anders befragen. *Es könnte doch sein, dass die Natur in der Seite, die sie der technischen Bemächtigung durch den Menschen zukehrt, ihr Wesen gerade verbirgt.*

Auch hier zeigt sich wieder eine Eigentümlichkeit des Heideggerschen Denkens. Er will alles noch einmal neu denken, von den Ursprüngen her. Das scheint angesichts der realen Entwicklungen ein völlig naiver Ansatz zu sein. Darin sieht er die einzige Möglichkeit, einen Entwicklungsprozess umzukehren, der uns längst im Griff hat. Aber wo anders als im philosophischen Denken könnte eine Einstellungsänderung ihren Anfang nehmen? Heidegger erweist sich als radikaler Kritiker des unbewusst vor sich hin lebenden Alltagsmenschen: *Aber das faktische Leben, das da so vor sich hin lebt, merkt gar nicht, dass es stürzt.* Insofern ist seine Philosophie *gesteigerte Unruhe. Sie ist gleichsam methodisch betriebene Unruhe.* Was ist es, das diese Unruhe in ihm hervorruft? Es ist die Erkenntnis, die auch *Marx* und *Hegel* seinerzeit umtrieb, dass der Mensch sich mehr und mehr von der Natur und auch von sich selbst *entfremdet. Der Mensch erzeugt seine Welt so, dass er sich nicht in ihr wiedererkennen kann. Seine Selbstverwirklichung ist seine Selbstverkümmerung.* Von diesem Ausgangspunkt bleibt dann nur noch der Weg einer völlig gewandelten Selbsterkenntnis, eines neuen Beginnens. Ein *Weiter so* kann es nicht geben. Der Mensch muss dahin kommen, sich selbst zu begegnen oder wie Heidegger es (scheinbar) ganz einfach ausdrückt: *Ich bemerke, dass ich bin.* Von diesem *nackten Dass* geht die Beunruhigung aus, die ihn erfasst, sobald er an diesem Punkt angelangt ist. *Wer von Kant gelernt hatte, dass der Rechtsgrund der Erkenntnis in der Vernunft liegt, dem konnte es jetzt so vorkommen, als liege er in der unverwechselbaren und unvertretbaren Existenz des Einzelnen. Also nicht im Verallgemeinerungsfähigen, sondern im Individuellen.*

Was macht nun die unverwechselbare Existenz des Einzelnen aus? Es ist die Erfahrung der *Zeitlichkeit* allen Daseins. *Das Dasein weiß um seinen Tod. Es ist ein Vorlaufen des Daseins zu seinem Vorbei.* Schon bei jedem

Tun und Erleben jetzt und hier bemerken wir dieses Vorbei. Der Lebensgang ist immer ein Vergehen des Lebens. Zeit erfahren wir an uns selbst als dieses Vergehen. Deshalb ist dieses Vorbei nicht das Ereignis des Todes am Ende unseres Lebens, sondern die Art und Weise des Lebensvollzugs, das Wie meines Daseins schlechthin.

*

17.4. – 22.4.: Zimmerschied

Fahren bei herrlichem Frühlingswetter nach *Zimmerschied*. Die *Forsythie* und die *Azalee* stehen in voller Blüte. Und der *Rhododendron* beginnt gerade zu blühen. Ebenso die *Veilchen*, die sich überall ausgebreitet haben und die *Vergissmeinnicht*. Man kann fast dabei zusehen. Und wie jedes Jahr um diese Zeit meldet sich der *Kuckuck*; jetzt ist der Frühling endgültig da. Wir können den ganzen Tag über draußen sitzen; essen dort und lassen uns vom Gesang der Vögel betören. Ansonsten genießen wir die Ruhe.

Bei einem Rundgang um das Dorf treffen wir unterwegs *Elias*. Scheinbar nebenbei erwähnt er, dass er im Rathaus in *Nassau* einige Bilder ausgestellt hat und darauf hofft, einige davon zu verkaufen. *Ich bin darauf angewiesen*, sagt er. Man muss nicht lange überlegen, um zu begreifen, dass es wieder einmal mächtig klemmt. Wir stecken 300 € in einen Umschlag und legen ihn in den Briefkasten. Als er später anruft, um sich zu bedanken, erfahren wir den Grund für seine Not. Er hatte einen Rohrbruch im Haus, der von einer Firma beseitigt werden musste. Und einen Schaden an der Achse seines Autos. Das bedeutet: er wird kaum noch Geld zum Leben gehabt haben. Er ist sichtlich gerührt, als er anruft: *Es kommt mir vor wie Weihnachten*, meint er. Und wir sollen uns weitere Bilder abholen.

Wir erleben den Frühling intensiv wie selten. Der *Schwarzdorn* und die *Kirschen* stehen in voller Blüte, geradezu üppig. Wie schön, dass wir gerade jetzt hier sein können. Ein wirkliches Privileg.

*

Wir bereiten einen weiteren Text über *Wellershoff* für den *Blog der Republik* vor: *Wellershoff und die Nachkriegsliteratur*. Den schicken wir zum 8. Mai hin; wir sind froh, diese Publikationsmöglichkeit zu haben.

*

Besuchen eine Ausstellung in der Kirche *St. Engelbert* in *Riehl*. Mehrere Künstler haben ihre Werke ausgestellt: Gemälde; Fotografien und Skulpturen. Mit dabei unser Bekannter: *Rob H.* Das übergreifende Thema der Ausstellung ist *Heimat*. Auf je individuelle Weise stellen die Künstler ihre Assoziationen zum Begriff Heimat dar. Insgesamt ganz gelungen; das

Schillernde des Begriffs spiegelt sich auch in den Werken wider.

*

Große Überraschung: Die Wellershoff-Tochter *Irene* meldet sich. Sie hat im *Blog der Republik* unseren Wellershoff-Text (Emder Vortrag) gelesen und hält sich zwei Tage in *Köln* auf. Würde sich gern mit uns im *Römer-Café* in der *Südstadt* treffen.

Petra trifft sich mit ihr und erfährt, dass Dieter vor sechs Wochen eine Lungenentzündung hatte und eine Woche im Krankenhaus war. Jetzt ist er wieder zu Hause, aber bettlägerig, was sich wohl auch nicht mehr ändern wird.
Unseren Beitrag aus dem Blog hat er erfreut zur Kenntnis genommen; Irene hatte ihn ihrem Vater vorgelesen. Wir wissen nun, wie wir dran sind; wir werden ihn nicht mehr wiedersehen, und es ist zu wünschen, dass er ohne Schmerzen bleibt.

*

Wolfgang hat *Gerhard B.* getroffen, der fragen lässt, ob wir uns einmal zu Dritt oder auch mit den Frauen treffen wollen. Mein Interesse an einem solchen Treffen ist gering; diese Art Konversation (lt. Duden *eine leichte, gepflegte, etwas förmliche Unterhaltung*) liegt mir nicht. Ich verstumme da regelmäßig und staune immer wieder, was die Anderen sich so alles zu erzählen wissen. Ich habe nichts zu erzählen; vor allem aber hasse ich die sog. *Prestige-Konversation*, zu der vor allem G. *sozialisationsbedingt* neigt.

*

Treffe mich im *Basil's* mit *Wolfgang*. Zusammen schauen wir *Rom* gegen *Liverpool*. Das 2. Halbfinale. Es wird spannender als gedacht: Rom gewinn 4:2 (Hinspiel 2:5). Liverpool steht im Endspiel gegen *Real Madrid*, das glücklich gegen die *Bayern* gewonnen hat.

*

Machen mal wieder einen Rundgang durch *Flora*, *Rheinufer*, *Eigelstein* (*Weinhaus Vogel*) und essen bei *Angelo*: *Wolfsbarsch* und *Dorade*. Auf dem Rückweg sitzen wir draußen vor dem *Alt Neppes*, wo uns zwei Alte ihr halbes Leben erzählen. Passiert uns häufiger; wahrscheinlich spüren die Leute, dass man ihnen zuhört und sich für sie interessiert.

*

3.5. – 10.5.: *Zimmerschied*

Fahren noch einmal bei herrlichem Frühlingswetter nach *Zimmerschied*. Es ist die Idylle pur. Der weiße *Rhododendron* blüht; daneben der kleine rote Strauch und auch die *Azalee* blüht noch. Dann der Vogelgesang, den man hier ohne Autolärm und Nebengeräusche besonders genießt; begleitet vom Summen der *Bienen*, die es sehr zahlreich in unserem Biotop gibt; ebenso wie viele Arten von *Schmetterlingen*. Nicht zu vergessen die gute Luft und die Möglichkeit, stundenlang draußen zu sitzen, zu wandern oder Fahrrad zu fahren. Besonders schön anzuschauen: die *Rapsfelder* und die von *Löwenzahn* übersäten Wiesen. Überhaupt blüht dieses Jahr alles so überaus üppig. Im Moment ist die *Apfelblüte* dran; auch der *Schwarzdorn* blüht noch; dagegen ist die *Kirschblüte* schon durch.

Ich lese z. Zt. *André Maurois: Von Proust bis Camus*. Das Buch hatte mir *Peter S.* vor ca. 50 Jahren geschenkt. Sehr gut sind die Essays über Proust und Camus. Maurois weist darauf hin, dass es verschiedene Möglichkeiten gibt, sich an die Vergangenheit zu erinnern: etwa durch Denkarbeit oder indem man sich auf die Sichtung von Dokumenten stützt. Das Besondere an der Art, wie Proust sich erinnert, sei, dass er einen *gegenwärtigen Eindruck* mit einer *unbewussten oder unwillkürlichen Erinnerung* koppelt. Er schildert den Sachverhalt an dem mittlerweile berühmten Beispiel, wonach Proust beim Teetrinken ein Stück Kuchen – die berühmte *Madeleine* – isst, deren Geschmack ihn an die Glückszustände erinnert, die er einst bei seiner Tante erfahren hat, die ihm vor vielen Jahren ein im Tee aufgeweichtes Stück davon angeboten hatte. Das aktuelle Ereignis ist es, das seine Erinnerungen an die damalige Zeit auslöst.

Bei der Lektüre des Essays über Camus erinnere ich mich nun, wie ich damals die folgenden Zeilen aufgesogen habe: *Unter der Morgensonne wiegt sich in der Ferne ein großes Glück. Hier verstehe ich, was man Herrlichkeit nennt: das Recht, ohne Maß zu lieben. Es gibt nur eine einzige Liebe auf dieser Welt. Wenn man den Körper einer Frau umarmt, umfängt man zugleich jene seltsame Freude, die vom Himmel zum Meer herabsteigt. Der Lufthauch ist kühl und der Himmel blau. Ich liebe dieses Leben hingebungsvoll und will frei davon sprechen: Es schenkt mir den Stolz meines Menschseins. Dabei ist mir oft gesagt worden, es bestehe kein Grund, stolz zu sein. Doch, es besteht ein Grund: diese Sonne, dieses Meer, mein von Jugend überquellendes Herz, mein nach Salz schmeckender Körper und die Unendlichkeit der Landschaft, wo Zärtlichkeit und Herrlichkeit sich im Gelb und Blau begegnen.*

Diese *Hymne auf die Liebe und das Leben* entsprach genau meinem damaligen Lebensgefühl. Es war die erste Zeit unserer Liebe und der Beginn eines neuen Lebensabschnitts: das Jahr *1968*, das in vielerlei Hinsicht bedeutend für mich war: Abitur auf dem Zweiten Bildungsweg; Beginn des Studiums und ein überaus freies, gemeinsames Leben mit *Petra*.

*

Unser Artikel über *Wellershoff und die Nachkriegsliteratur* ist im *Blog der Republik* erschienen. Von *Wolfgang* und *A. Pieper* erhalten wir freundliche Rückmeldungen. Letzterer schreibt:
Liebe Frerichs, ihr Text über Wellershoff ist erneut eine in jeder Hinsicht Bereicherung für den Blog. Ich schätze mich glücklich, dass Sie zu unseren Autoren zählen. Gerade die Beschreibung der Nachkriegszeit mit Hinweisen zu Borcherts „Draußen vor der Tür" habe ich mit Spannung gelesen. Mein Deutschunterricht in den späten 50er Jahren war eher dürftig und bewusst voller Lücken. Ich wünsche Ihnen einen schönen Sonntag.

*

Hatten uns Sorgen gemacht, dass unser vorgenannter Beitrag versehentlich gelöscht worden war. Aber *Pöhls* beruhigt uns: *Der Artikel ist immer noch da. Wir hatten allerdings seit Sonntag so viele weitere Artikel, dass er im Kopfbereich nicht mehr unter den letzten 4 Beiträgen ist. Aber im Politikbereich ist er natürlich weiterhin zu finden. Und: Er wird gelesen! Ihre Beiträge werden sehr überdurchschnittlich wahrgenommen und gelesen. Obwohl wir den Beitrag ja erst vor zwei Tagen am Sonntag veröffentlicht haben, ist er unter den TOP10 Beiträgen der letzten 30 Tage!*

*

Hören auf WDR 5 ein Interview mit *Paul Nizon*. Er spricht über seinen Ausbruch aus dem bürgerlichen

Leben und dem Drang – oder sollte man sagen: Zwang – Schriftsteller zu werden. Obwohl er ein erfolgreicher Kunstkritiker der *Neuen Züricher Zeitung* war und Familie mit Kindern hatte, lässt er eines Tages alles stehen und liegen und stürzt sich in das Abenteuer Literatur. In Frankreich gelingt ihm relativ schnell der Durchbruch, der in Deutschland bis heute ausgeblieben ist. Er gilt mit seinen fast 90 Jahren immer noch als *Geheimtipp*. Das ist so ziemlich das Schlimmste, was einem Schriftsteller passieren kann.

Ich nehme mir nach der Sendung noch einmal seine *Journale* vor, mit denen ich mich vor einigen Jahren bereits intensiv befasst habe. Ich schlage sie auf und stoße auf eine Kritik des *Stiller-Romans* von *Max Frisch*, den ich vor kurzem gelesen hatte. Nizons Kritik trifft ziemlich genau das Unbehagen, das ich beim Lesen des Romans verspürte, aber nicht recht artikulieren konnte. Er schreibt: *Was bleibt im Gedächtnis? Nicht eine unvergessliche Welt, keine außergewöhnliche, überragende Figur. Nicht Gestikulation, Gangart, Schleife, Mimik, Grimm oder Spur und Hakenschlag einer einmaligen Figur. Nicht Bezauberung, nicht Rausch, nicht Niegesehenes. Man wird an einen Bußort geführt, eine Selbstbezichtigungsstelle, an ein Einsichtsende mit Läuterungsaussichten. Ich will mich nicht identifizieren mit diesen Plätzen und Problemen. Und: Sehr schweizerisch, naiv, unhart, sentimental bis kitschig.*

Deutlich wird: Nizon mochte Frisch nicht; weder als Mensch noch als Schriftsteller. Sie waren einander zu fremd.

*

Sehen auf ARTE den Film *The Wind that Shakes the Barley* von *Ken Loach*. Der Film entstand 2006 und schildert den irischen Freiheitskampf etwa in der Zeit um 1920. Das Besondere an diesem Film: er schildert nicht nur die Brutalität des britischen Besatzungsregimes. Er zeigt vor allem, wie die Eigendynamik des Befreiungskampfes die Protagonisten selbst in Situationen bringt, die sie zweifeln lässt, ob ihre eigenen Methoden dem Ziel ihres Kampfes noch entsprechen. An zwei Szenen lässt sich dies verdeutlichen: Ein junger Arzt, der eigentlich in London eine Stelle in einem renommierten Krankenhaus antreten will, wird Zeuge eines brutalen Übergriffs der britischen Besatzer, bei dem ein Nachbarsjunge tot geschlagen wird, weil er sich weigert, seinen Namen auf Englisch zu sagen. Der Arzt beschließt daraufhin, sich dem Befreiungskampf anzuschließen. Später exekutiert er selbst einen Jungen, weil dieser eine Widerstandsgruppe verraten hat. Und am Ende des Films wird der Arzt von seinem eigenen Bruder hingerichtet, weil er sich seinerseits weigert, seine Kumpane zu verraten. So verschieben sich die Perspektiven und Maßstäbe, glänzend inszeniert vom Meisterregisseur Ken Loach. Ein aufwühlender Film.

*

Mein Interesse an *Joyce* ist wieder einmal erwacht. Eine Dokumentation über ihn, die von *Anjelica Huston* (der Tochter von *John Huston*) verfasst wurde, gibt viele Ansatzpunkte und Anregungen, sich erneut mit Joyce zu befassen; z.B. mit seinen Erzählungen im *Dubliner*, die ich vor Jahrzehnten schon einmal gelesen habe, aber so gut wie nichts mehr davon weiß. Auch würde ich heute viel mehr auf stilistische Feinheiten etc. achten als damals. Ich habe mir das Buch beiseitegelegt und bin gespannt auf die Lektüre.

*

Neffe Ole schickt eine Mail aus *Vietnam*, wo er sich gerade aufhält. *Klaus* habe ihn gefragt, ob es möglich sei, ihm zum 65. Geburtstag einen *Wikipedia-Eintrag* einzustellen. Ole schickt einen ersten Entwurf, der bereits sehr reif ist. Mal sehen, was draus wird.

*

Ich habe mich entschlossen, ein Projekt zur Thematik *Hartz IV* zu beginnen. Mir schwebt eine Mischung aus fiktiven und dokumentarischen Aspekten vor. Bisher habe ich einige Zeitungsartikel gesammelt, die man verarbeiten könnte. Dann gibt es in meinem *Dichter-Roman* den fiktiven Brief eines Arbeitslosen, geschrieben kurz bevor er sich umbringt. Und dann würde ich ein biographisches Interview mit *Detlef,* unserem Nachbarn in *Wilhelmshaven* machen, der langzeitarbeitslos ist, auf der Straße gelebt hat und jetzt als Hartz-Empfänger mehr oder weniger abgehängt dahinlebt.

*

Waren im *Circus Roncalli.* Zweieinhalb Stunden taucht man ein in eine Phantasiewelt, in der herausragende Akrobaten, Clowns, Virtuosen, Zauberkünstler und Tänzer Jung und Alt in Atem halten. Das Publikum geht begeistert mit, und es ist schön anzuschauen, wie vor allem die Kinder voller Staunen und Verzückung den Darbietungen folgen. Unversehens wird man auch selber wieder zum Kind und lässt es gerne zu, sich eine zeitlang von der kruden Realität abzumelden.

*

Lesen z. Zt. täglich etwa 20 bis 30 Seiten aus meinem *Dichter-Roman*; *Petra* liest überwiegend vor. Für mich ist es interessant, sich in den Rhythmus des Romans einzuhören und auf die Struktur zu achten. Obwohl ich gegenüber eigenen Texten immer (zu) kritisch bin, gefällt mir beides – auch weil *Petra* sehr gut liest. Das mag auch daran liegen, dass sie den Roman bis in die letzte Verästelung hinein kennt und verstanden hat. Davon zeugt u.a. ihre Rezension, die ich jetzt auch noch einmal gelesen habe.

*

Petras Text über den Roman *Die Fälschung* von *Nicolas Born* ist im *Blog der Republik* erschienen; mit einem sehr ansprechenden und ungewöhnlichen Foto von ihm. Ich schicke als Ergänzung meinen Text über *Sprache und Erinnerung* an den Blog, weil es Bezüge dazu im Born-Roman gibt.

*

Mein Text erscheint wenige Tage später im *Blog*. Daraufhin schreibt mir *Wolfgang*:

Deine reflektierende Rezension von Merciers „Perlmanns Schweigen" hat mich in besonderer Weise persönlich angesprochen.
Habe ich doch in der letzten Zeit mich intensiv mit meiner Erinnerung an die 68er Zeit beschäftigt. Viele der Beschreibungen des Erzählens von Erinnerungen, die Du darstellst und zitierst, konnte ich nur zu gut nachvollziehen.
Auch mir ging es dabei vielfach darum, dass „die erzählte Vergangenheit aus der Sicht des jetzigen Erzählers nachvollziehbar sein" muss.
Durch die Lektüre Deines Textes ist mir auch klar geworden, dass "dadurch, dass wir unsere Erinnerungen in Worte fassen, diese Erinnerungen und damit die eigene erlebte Vergangenheit allererst schaffen."

Das trifft für mich in der Rückschau auf meinen Text über meine 68er-Zeit ziemlich genau meine Wahrnehmung beim Schreiben zu.
Dein Text hat mir vieles klar gemacht, was mich beim Schreiben bewegt hat, ohne dass ich darüber nachgedacht habe.
Herzlichen Dank und herzliche Grüße

*

22.5. – 12.6.: *Wilhelmshaven*

Wir verbringen bei herrlichem Frühlingswetter drei sehr schöne Wochen in WHV. Das tägliche Ritual ist fast immer dasselbe: morgens Lektüre; dann Strandaufenthalt mit Schwimmen; *Dunkelkneipe* und hin und wieder zum Essen in die *Blühende Schiffahrt* und zu den Konzerten im *Pumpwerk*, die dieses Jahr nicht so gut waren wie zuletzt. Dazwischen gibt es Fahrradtouren am Kanal entlang bis *Mariensiel* und dann den *Deich* zurück bis zum *Südstrand*. Fehlen darf auch ein Besuch im *Rosarium* nicht, wo wir uns auf eine Bank setzen und die herrlichen Rosen bestaunen.

Ich lese während des Aufenthalts *Irène Némirovsky: Suite française; Lion Feuchtwanger: Goya. Der arge Weg der Erkenntnis* und schließlich *Michael Abele: Schirrmacher*. Vor allem die ersten beiden Bücher haben mich stark beeindruckt. Über I.N. hat *Petra* geschrieben, so dass ich es mir ersparen kann. Zu Feuchtwanger wäre zu sagen, dass es ihm gelungen ist, biographische Begebenheiten mit der künstlerischen Entwicklung Goyas zu verbinden. Und immer wieder wird die Darstellung um Reflexionen über Probleme der Bildgestaltung ergänzt. Von besonderem Interesse sind dabei die Dialoge Goyas mit seinem Assistenten *Agustin*. Der ist nicht nur sein engster Mitarbeiter, sondern auch ein schonungsloser Kritiker, auf dessen Urteil Verlass ist. Er ist es auch, der von Goya gesellschaftspolitisches Engagement verlangt; mit den Mitteln der Kunst. Erst spät – mit seinen Caprichos – löst Goya dieses Anliegen ein, ständig in Gefahr, der Inquisition einen Vorwand zu liefern, ihn auszuschalten.

Ich bin jetzt auf den Goya-Katalog, der sich in Köln befindet, gespannt; wir haben ihn uns anlässlich der Berliner Ausstellung, die wir seinerzeit besucht haben, gekauft. Da will ich mir all die Bilder, die im Roman besprochen werden, noch einmal anschauen.

In WHV haben wir uns die Ausstellung *50 Jahre Kunsthalle WHV* angeschaut. Zu sehen gab es eine repräsentative Sammlung von Bildern aus dieser Zeit – von etwa einem Dutzend Künstlern, die seit 1968 in WHV tätig waren.

Seit langem hatte ich vor, mit unserem Nachbarn *Detlef*, der von Hartz IV lebt, ein Interview zu machen, das ich auf einem Diktiergerät aufnehme. Zwei Stunden lang erzählt er mir von den mehr oder weniger großen Katastrophen und Brüchen in seinem Leben:

er hat zwei gescheiterte Ehen hinter sich; hat zweimal wegen kleinerer Delikte (Diebstähle) im Gefängnis gesessen; x-mal seine Arbeit verloren; teils, weil Firmen Pleite gemacht haben; teils auch aus eigenem Verschulden. Er war einige Monate obdachlos, hat auf der Straße gelebt und ist gesundheitlich stark angeschlagen.
Detlef erzählt sachlich und keineswegs larmoyant. Er habe eine glückliche Kindheit in einem behüteten Elternhaus gehabt. Nur in der Schule haperte es. Nicht wegen seiner Leistungen, sondern weil er ständig gemoppt worden sei. Das habe ihm die Schule verleidet. Erst später hat er auf Drängen seines ehrgeizigen Vaters den Hauptschulabschluss nachgeholt. Darauf sei er noch heute stolz.
Am vorletzten Tag unseres Aufenthalts fahren wir ihn ins Krankenhaus nach *Sanderbusch,* wo seine Lunge bzw. der Rest, der davon noch übrig ist, behandelt werden muss.

Ein schönes Erlebnis war dann der 75. *Geburtstag* von *Dieter,* dem Wirt unserer Dunkelkneipe, die wir nach fast jedem Strandaufenthalt besuchen. Gefeiert wird mit ca. 250 Gästen. Es gibt Livemusik, zu essen und zu trinken und viele – sogar wir – tanzen draußen vor der Kneipe. Bei angenehmer, gelöster Stimmung bleiben wir ca. sechs Stunden.

Insgesamt ist es wieder einmal ein runder Aufenthalt, mit vielen Gesprächen und neuen Bekannten.

*

Klaus teilt uns mit, dass *Joke Bruns* gestorben ist. Obwohl wir seit langem damit gerechnet hatten, als wir hörten, dass er auch noch Knochenkrebs bekommen hat, berührt mich sein Tod doch sehr. Ich bin froh, dass wir uns 2014 und 2016 anlässlich der Lesungen in *Emden* getroffen haben und dass er Petra noch kennengelernt hat.

Ich lese noch einmal seinen Text über *Sterben und Tod* in einer Broschüre, die er mir vor einiger Zeit geschickt hat. Sie enthält seine Reflexionen über das Leben, den Glauben u.a.m.
Meinem Beitrag in dem Buch von *Hellmich* und *Rozema* über Joke lese ich auch noch einmal und bin froh, ihn auf diese Weise gewürdigt zu haben.

*

Detlef aus *WHV* ruft an. Er ist an der Lunge operiert worden; jetzt geht es ihm wieder besser. Er macht einen ganz aufgeräumten Eindruck und ich danke ihm, dass er uns Bescheid gesagt hat.

*

Eine Woche nach *Joke Bruns* ist jetzt auch *Dieter Wellershoff* gestorben. Auch darauf waren wir vorbereitet, nachdem seine Tochter *Irene* uns informiert hatte, dass er vor kurzem noch eine Lungenentzündung hatte und seitdem bettlägerig war. Sein Leben und Werk wird in vielen regionalen und überregionalen Medien gewürdigt. Im WDR 5 hören wir eine Lesung (Hörbuch) seines Romans *Der Himmel ist kein Ort*. Wie gut er doch geschrieben hat.

Wir schicken einen Beitrag über seine *Autobiographischen Schriften* an den *Blog der Republik*, der auch sofort eingestellt wird. *Klaus* meint, er sei ein *Schmuckstück für den Blog* – ganz im Unterschied zu einem Beitrag von *P. Henning* auf *Spiegel-Online*, der sich stets selbst allzu wichtig nimmt.

Wir werden in nächster Zeit die *Protokolle* unserer Begegnungen und Telefonate mit Wellershoff und auch die Briefe noch einmal lesen, wenn der Abstand groß genug ist. Was wir jetzt schon wissen ist: wir hatten das Glück, einen großen, bedeutenden Schriftsteller und einen außergewöhnlichen Menschen kennengelernt zu haben. Für uns war es ein lebensgeschichtlich herausragendes Ereignis, für das wir dankbar sind. Und ich bin froh, dass ich ihm in meinem Roman *Das Haus des Dichters* ein literarisches Denkmal gesetzt habe.

*

Treffen uns auf dessen Wunsch mit *Rob* im *Basil's*. Er möchte einiges über *Wellershoff* wissen, von dem er noch nichts gelesen hat. Durch die vielen Nachrufe sei er auf ihn aufmerksam geworden.

*

Im Übrigen herrscht im Basil's gedämpftes Fußballfieber. Noch fehlen die großen Knüller der laufenden WM. Die Tipps sind abgegeben. Aber: Was soll man bei Partien wie *Marokko* gegen *Iran* oder *Ägypten* gegen *Uruguay* tippen? Nach zwei Spielen der Vorrunde, also 16 Begegnungen, liege ich im Tippwettbewerb der Basil's Gemeinschaft mit zwei Punkten in Führung. Aber es sind viele Zufallstreffer dabei.

*

Schicken sehr persönlich gehaltene Trauerkarten an die *Familien Bruns* und *Wellershoff*. Es ist nicht einfach, die richtigen Worte zu finden – jenseits der üblichen Floskeln.

*

Unruhige Tage sind das: Die EU könnte an der Flüchtlingsfrage zerbrechen. *Merkel* fordert die Solidarität der Europäer ein, die sie selbst *Griechenland, Italien* und *Spanien* ein Jahrzehnt lang verweigert hat. Absurd – wie das ganze sog. *Schengen-Abkommen*, das vorsieht, dass die Ankunftsländer für die Flüchtlinge zuständig sind. An dieser Frage zeigt sich, dass die EU keine Solidargemeinschaft ist – und nie eine war. Fast überall überwiegen die nationalen Egoismen, die sich mehr und mehr zu Nationalismen ausweiten. Davor haben Kritiker der rigiden Sparpolitik à la Merkel/Schäuble lange gewarnt. Aber Leute wie *Varoufakis* wurden nicht ernst genommen oder sogar lächerlich gemacht. Obwohl z.B. V. einer der wenigen war, der plausible Analysen vorgelegt hat. Aber wer liest die schon?

*

Bei der *Fußball-WM* wird es langsam spannend. Ein Favorit ist bislang nicht in Sicht. Vor allem die sog. Großen (Deutschland; Spanien; Brasilien; Argentinien) schwächeln. Überraschend stark sind bisher *Kroatien*, *Belgien*, *Russland*, *England* und auch *Kolumbien*. Und Frankreich sowieso. Die Franzosen spielen sehr diszipliniert; keineswegs berauschend, aber man spürt, dass das Team gefestigt ist und jederzeit den Schalter umlegen kann.

*

Wir haben uns nun doch entschlossen, zur *Trauerfeier* von *Dieter Wellershoff* auf dem *Friedhof Melaten* zu gehen. Hinterher waren wir froh, dagewesen zu sein. Es war eine Veranstaltung, die ihm gerecht wurde. Vor allem die Ansprachen seines Verlegers und seines Schwiegersohnes sprachen uns an, weil sie viele Wesenszüge W.s trafen. Aus dem Off konnte man seine Stimme noch einmal hören. Er sprach weise Texte über das Altern und den Tod. An der anschließenden Beerdigung und dem geselligen Zusammensein nahmen wir nicht mehr teil. Uns war nicht danach.

*

27.6. – 11.7. *Zimmerschied*

Wir verbringen die Hitzetage in Zimmerschied. Hier ist es einigermaßen erträglich, obwohl man sich kaum vom Fleck rühren mag. *Petra* fährt mit dem Zug nach *Wetzlar* zum Friedhof; ich fahre an den *Hertha-See*, der jedoch völlig aufgewühlt ist. Überall schwimmen ganze Inseln von Algen und dergleichen herum. Wenig einladend.
Fahre vom See aus nach *Nassau* ins Schwimmbad. Da es noch früh ist, herrscht noch wenig Betrieb. Vor allem genieße ich die Wellness-Anlagen.

Wegen der anhaltenden Hitze entschließen wir uns, von Zimmerschied aus über die Sauerland-Linie direkt nach *Wilhelmshaven* zu fahren. Wegen der vielen Baustellen benötigen wir ca. 5 Stunden.

*

11.7. – 21.8.: *Wilhelmshaven*

In WHV finden wir schnell wieder zu unserem Rhythmus: ich lese in der Zeit von *Ian Mc Ewan* den

Roman *Abbitte*, eine Mixtur aus Kriminal-, Spionage- und Liebesroman, der mich nicht sehr beeindruckt. Dann *Der Idiot* von *Dostojewski*. Dort finden sich starke Passagen, z.B.: *Mitleid ist das hauptsächlichste und vielleicht das einzige Gesetz der Existenz der ganzen Menschheit.* Oder: *Kann man denn alle Menschen als seine Nächsten lieben?*
Ähnliches hatte ich in meiner *Mission* geschrieben, als ich darüber nachsann, was denn das allgemeine und vor allem lebbare Prinzip menschlicher Existenz sein könnte. Und D. spricht davon, dass es *die Liebe ist, die alle Menschen gleich macht* – ein Gedanke, der sich auch im *Don Quijote* findet.

Danach lese ich von *Javier Marias* den Roman *Alle Seelen*; die Geschichte eines spanischen Dozenten an der Universität *Oxford*, der es dort mit mehr oder weniger skurrilen Kollegen zu tun hat. Ein Lesespaß; gut geschrieben, aber keine große Literatur.
Nach langer Zeit lese ich *Brechts Flüchtlingsgespräche* wieder. Wie immer ein Gewinn – weil eine Schule des dialektischen Denkens.
Und schließlich mache ich mich daran, endlich einmal *John Cowper Powy* zu lesen, dessen Bände seit Jahren unberührt im Bücherregal stehen. Ich lese in dem Band *Kultur als Lebenskunst*.
Powy verfügt über einen recht eigensinnigen, aber durchaus sympathischen Kulturbegriff. Für ihn ist Kultur das, *was übrig bleibt, wenn man alles bewusst erworbene Wissen wieder verlernt.* Damit grenzt er die Kul-

tur vom ganzen Drum und Dran der Bildung ab und verbindet sie mit so elementaren Dingen wie Fühlen, Sehen und Empfinden. Er rät uns, *die vorbeiziehenden Wolken, das Sonnenlicht, die vom Wind getriebenen Blätter oder die Erde im Blumentopf* ganz unmittelbar und unverstellt wahrzunehmen. Er spricht davon, die *Wirklichkeit neu zu erschaffen*, vom *Glücksgefühl reiner Kontemplation*, *vom inneren Jubel beim Erleben von Natur und Kunst* und davon, dass *jeder Tag ein unglaubliches Wunder* darstellt. Für ihn sind *ein kühles Laken, warme Decken, die Flammen eines Holzfeuers, der Geschmack von Brot, Milch, Honig, Wein, Öl, Pellkartoffeln oder Rüben* Grunderfahrungen des Lebens und damit Bestandteile der Kultur. Um all das intensiv zu empfinden, verlangt es ihn nach Einsamkeit, nach Zeit für sich allein, um in Muße seinen *kreativen Willen* zu entwickeln.

Voller Verachtung spricht er von der *Bösartigkeit des schalen, dummen Geschwätzes* in der alltäglichen Geselligkeit; *diesen dumpfen, törichten Gesprächen mit ihrem hämischen Einvernehmen über Abwesende oder Fremde; vom Saisongeplänkel und der Prestigekonversation sozialer Aufsteiger, die darauf aus sind, sich beim Publikum anzubiedern, indem sie irgendeinem Leithammel mit grobschlächtigem Urteil nachplappern.*

Powy vermittelt einem ein positives Verständnis des Lebens in all seinen Facetten. Er möchte uns ein *Gefühl der Selbstachtung und des Stolzes* vermitteln und uns ermutigen, die Geheimnisse der Natur und Kultur auf unsere je spezifische Weise zu erforschen. Eine wohltuend sympathische Lebensphilosophie, die Mut machen kann in diesen finsteren Zeiten.

Schließlich beginne ich mit der Lektüre eines Bandes der *Sean O'Casey-Autobiographie,* die mir vor vielen Jahren meine Mutter geschenkt hat – nach einer Fernseh-Dokumentation über ihn, die wir gemeinsam gesehen haben. Eine dramatische Lektüre über einen lebenslangen Kampf gegen Armut und um künstlerische Anerkennung.

*

Während unseres Aufenthalts in WHV sprechen wir viel mit Leuten, die wir zufällig in der Kneipe oder am Rande der Konzerte im *Pumpwerk* treffen. Einige erzählen uns aus ihrem Leben – vielleicht, weil sie unser Interesse spüren und merken, dass wir ihnen zuhören. So erzählt unsere Nachbarin *Britta* von ihrer erneuten Krebsdiagnose; vom Verlust ihrer dreijährigen Tochter; von ihrer Trennung von einem gefühllosen Mann; vom Verlust ihrer Arbeit; von ihrem noch andauernden Kampf um eine kleine Rente. Das alles erzählt sie ohne dabei wehleidig zu sein. Im Gegenteil: mehrere Male betont sie, dass sie auch viele schöne Dinge erlebt hat, an die sie sich gern erinnert. Und sie erzählt von ihrem Hund *Said,* der ihr das Gesicht ableckt, wenn sie einmal wieder weinend am Kanal sitzt.

Tage später setzen wir uns am Hafen zu einem Alten auf die Bank. Sofort beginnt er zu erzählen. Es handelt sich um einen 90jährigen ehemaligen Musiker; er berichtet von seinem Werdegang; vom Krieg; seinen Erfahrungen mit den Nazis; der Vertreibung aus Schlesien; den vielen vergeblichen Anläufen, seine Ausbildung als Musiker abzuschließen, was ihm schließlich doch noch gelingt; den vielen berufsbedingten Ortswechseln, die dazu führten, dass er nie so richtig sesshaft wurde und daher nicht geheiratet hat. Jetzt lebt er im nahegelegenen Altenwohnheim und ist mit seinem Los ganz zufrieden. Dort habe er alles, was er zum Leben benötige und werde gut behandelt.

Und dann treffen wir am Rande eines Rockkonzerts im Pumpwerk ein Paar, mit dem wir ins Gespräch kommen. Er ist Arzt und sie im musischen Bereich tätig. Sie unternehmen gemeinsam viel, leben aber nicht zusammen. Ein weiteres Paar gesellt sich dazu, und es stellt sich heraus, dass beide Paare gemeinsame Bekannte haben. Mit dem Mann des zuletzt dazu gekommenen Paares sprechen wir später über Politik. Er war vierzig Jahre SPD-Mitglied und ist wegen der Agenda-Politik aus der Partei ausgetreten. Wir sind uns einig, dass die SPD – ähnlich wie andere sozialistischen Parteien in Westeuropa – zur Bedeutungslosigkeit verkommt, sollte sie die Agenda 2010 nicht rückgängig machen oder zumindest stark korrigieren. Wir diskutieren intensiv, und beim Abschied meint er, wir sollten so bleiben wie wir sind.

*

In unserer Kneipe, die wir nahezu täglich nach unseren Strandaufenthalten besuchen, machen wir unterschiedliche Erfahrungen. Wir reden mit *Roger*, *Eddy* und *Michael* über alltägliche Dinge. Roger und Eddy sind Arbeiter, die kurz vor der Rente stehen. Sie erzählen von ihrer Arbeit, unmöglichen Vorgesetzten, die sie traktieren, zunehmendem Leistungsdruck und anderen Ärgernissen. So mache die Arbeit keinen Spaß mehr, und sie sind froh, dass das Ende absehbar ist. Beide sind Fußballfans, so dass man immer ein Thema hat. Roger hat die Spiele der deutschen Mannschaft während der *WM* in *Russland* gesehen und erzählt begeistert von der Atmosphäre dort – der Gastfreundschaft, der guten Organisation, der Friedlichkeit der Fans, mit denen er sich teilweise angefreundet hat.
Michael erzählt überwiegend von seinen beiden Söhnen, die bei ihm aufwachsen. Von ihrem selbstverständlichen und vor allem kreativen Umgang mit Computern u.ä.; der Ältere schreibt eigene Texte und Melodien und tauscht sich weltweit mit Gleichgesinnten aus.

Näher lernen wir dann *Britta*, die Tochter unseres Wirtes *Dieter*, kennen. Sie arbeitet in *Berlin* beim *Berliner Ensemble*, wo sie für die Kostümierung der Schauspieler zuständig ist. Ich erzähle ihr von der Begegnung unseres Freundes *Heinz L.* mit *Brecht* in *New*

York, der schon 1941 von einem *Theater am Schiffbauerdamm* gesprochen habe. Ich bringe ihr tags darauf mein Buch *Begegnungen* mit, wo ich das Ereignis schildere.

Dann ist da *Dieter*, der täglich mit seinem alten, englischen Hund *Paul* vorbeikommt. Eines Tages setzt er sich zu uns an den Tisch. Er war *Systemanalytiker* und für die Digitalisierung der gesamten Marine-Einrichtungen in WHV zuständig. Wir unterhalten uns über unsere Werdegänge und stellen viele Übereinstimmungen fest. Man versteht sich. Er erzählt interessante Dinge über seine Arbeit und über sein Hobby – das Räuchern von Fischen. Sobald er uns jetzt sieht, kommt er an unseren Tisch. An Themen fehlt es uns nicht; z.B. ist auch er ein begeisterter Koch, und so geben wir uns gegenseitig Tipps für Rezepte. Ein angenehmer Zeitgenosse.

Immer wieder bietet auch der Fußball Anknüpfungspunkte. Nicht nur wegen der z.Zt. stattfindenden WM. Zufällig setzt sich ein älteres Ehepaar an unseren Tisch. Es stellt sich heraus, dass er ehemaliger Spieler der *TSR Olympia* ist und in der gleichen Mannschaft gespielt hat wie *Uwe Reese*, der Bürgermeister von WHV, mit dem ich beim letzten Mal gesprochen habe. Die Frau hat Fotos aus der aktiven Zeit ihres Mannes dabei. Schwarz-Weiß-Aufnahmen und Zeitungsausschnitte von Zweikämpfen mit *Uwe Seeler* z.B. Sie scheint die Fotos stets mit sich zu führen. Und dann erzählt sie, dass man ihrem Mann vor kurzem einige Zehen amputiert hat. Durchblutungsstörungen. Ihr anfangs etwas scheuer und zurückhaltender Mann taut zunehmend auf und blickt schließlich geradezu glücklich drein. Beide verabschieden sich per Handschlag von uns.

An einem der Tische – einer Art Stammtisch – treffen sich fast täglich die gleichen Leute. Teilweise sind sie über Jahrzehnte Stammgäste (z.B. *Uwe*, der seit über fünfzig Jahren hier verkehrt). Hier findet teilweise jene dumme und bösartige Alltagskommunikation statt, von der Powy weiter oben gesprochen hat.

Leithammel ist ein ehemaliger Studienrat für Französisch. Er dominiert alle Gespräche und ist ein unangenehmer Besserwisser, der lautstark seine Auffassungen zum Besten gibt. Ob man will oder nicht, man bekommt mit, was so geredet wird. Hauptthema sind immer wieder die Flüchtlinge. Da die Kneipe an einer Straße liegt, die zum Strand führt, kommen Scharen von Leuten hier vorbei, darunter überproportional viele Ausländer aus allen möglichen Ländern. Sobald einmal wieder eine kinderreiche Familie mit einer Kopftuch tragenden Mutter vorbeizieht, summt einer *Die Karawane zieht weiter...* Die anderen nicken bzw. schweigen vor sich hin. Ein sich selbst verstärkendes Geraune setzt ein, in dem alles Mögliche zusammen gerührt wird. Jeder kann mit einem Negativbeispiel über Flüchtlinge aufwarten; entweder aus eigener Anschauung oder unter Berufung auf die Medien. Zurzeit sind es Berichte über Clans, die sich durch Prostitution, Drogen und die Erschleichung von Sozialleistungen, mit denen sie Immobilien erwerben und mittlerweile ganze Stadtteile beherrschen. In Berlin wurde vor kurzem ein solcher Clan ausgehoben, der sage und schreibe über 70 Immobilien besaß.

Das alles macht einen schier sprachlos, und es fällt zunehmend schwer zu argumentieren, vor allem wenn Leute wie Eddy oder Roger, die seit ihrem 14. Lebensjahr gearbeitet haben, sich nun mit einer bescheidenen Rente abfinden müssen. Was soll man einer Britta sagen, die nach einer Chemotherapie ihre Zähne verloren hat und die Krankenkasse diesen Zusammenhang nicht anerkennen will und sie deshalb kein neues Gebiss erhält. Diese Leute haben das Gefühl, das für die Integration der Flüchtlinge mehr getan wird als für sie. Die Sicht von unten unterscheidet sich eben sehr von der angeblichen *Willkommenskultur* gut situierter Bürger, die oft keinerlei Berührungspunkte mit Flüchtlingen haben. Ganz unten wird um Arbeitsplätze, Wohnungen und Sozialleistungen konkurriert; hier finden die wirklichen Verteilungskämpfe der Gesellschaft statt, und dort werden auch die Ungerechtigkeiten unmittelbar erfahren. So steht zu befürchten, dass immer größere Teile der Gesellschaft nach rechts abwandern oder ganz einfach abgehängt werden.

Wilhelm Heitmeyer, der seit vielen Jahren über die Entstehung des Rechtsextremismus forscht, schildert den Prozess der *sozialen Desintegration* wie folgt:

Diese Theorie haben wir in Bielefeld entwickelt, um gruppenbezogene Menschenfeindlichkeit und auch Jugendgewalt etc. zu erklären. Dabei reservieren wir den Integrationsbegriff nicht für Migranten oder Flüchtlinge, weil wir davon ausgehen, dass ein Teil der ursprünglichen Deutschen auch nicht integriert ist. Dabei geht es um drei Dimensionen. Erstens die sozialstrukturelle Dimension der Teilhabe an den materiellen und kulturellen Gütern dieser Gesellschaft, insbesondere über Arbeit. Dies ist eine besonders wichtige Quelle für die positionale Anerkennung von Status etc. Anerkennung ist der ganz zentrale Begriff, weil niemand auf Dauer ohne Anerkennung leben kann. Zweitens geht es politische Partizipation. Habe ich oder hat meine Gruppe eine Stimme, die wahrgenommen und gehört wird in der Auseinandersetzung z.B. um Fairness, Gerechtigkeit und Solidarität? Erst wenn das geschieht, erhalte ich moralische Anerkennung. Drittens geht es um Vergemeinschaftungen, d. h. kann ich meine Identität entwickeln, und wird die Identität meiner Gruppe akzeptiert? Erst dann erhalte ich emotionale Anerkennung. Überall dort, wo es erhebliche Anerkennungsdefizite gibt, geht die Suche nach alternativen Anerkennungen los (z.B. im Kontext des „Autoritären Nationalradikalismus" der AfD) und mitsamt der Abwertung und Diskriminierung im Sinne der gruppenbezogenen Menschenfeindlichkeit, um – wie schon gesagt – sich selbst aufzuwerten.

*

Zu den Routinen unseres Aufenthalts in WHV gehört das tägliche Schwimmen. Es macht Spaß, in die glücklichen Gesichter der Mitschwimmer zu schauen. *Das alles haben wir hier umsonst* ist einer der häufig geäußerten Aussprüche. Mit einigen der meist älteren Leute tauschen wir uns aus, und man freut sich am nächsten Tag auf das Wiedersehen. Besonders das Schwimmen am frühen Morgen gefällt uns. An einem dieser Tage fahren wir anschließend den Deich bis nach *Mariensiel* runter. Die Sonne spiegelt sich auf dem Wasser, die Möwen halten ihr vielstimmiges Konzert ab; die Jungen warten auf den Klippen darauf, dass ihnen die Eltern Nahrung bringen, und am Deich grasen friedlich die Schafe, die sich daran gewöhnt haben, dass man mit dem Fahrrad dicht an ihnen vorbei fährt. Ein beglückendes Gefühl überkommt uns, als wir am Ende der Tour auch noch unseren geliebten Kanal entlang fahren.

Neben den täglichen Ritualen ist neu, dass wir uns auf dem Wochenmarkt, den wir zweimal wöchentlich besuchen, mit einer Frau unterhalten, die die *Obdachlosenzeitung Asphalt* verkauft. Die Zeitung wird u.a. von *Heiko Geiling* herausgegeben, der mittlerweile Professor in *Hannover* ist (ein ehemaliger Mitarbeiter von *Michael Vester*), und den *Petra* noch aus ihren Berufszeiten kennt.

*

Zum ersten Mal gehen wir zur Veranstaltung *After work zu Jörg*, einem Treffpunkt in der *Rheinstraße*, wo ca. 200 Leute auf der Straße stehen und Wein trinken. Ein ziemliches Stimmengewirr erwartet uns und viel Gedränge. Nach einem Glas Wein verlassen wir die Veranstaltung. Es ist letztlich keine Atmosphäre zum Genießen.

Eine neue Erfahrung ist, dass wir uns gelegentlich in den Park setzen und einfach vor uns hin sinnieren. Bei großer Hitze eine angenehme Abwechslung. An einem Tag entdecken wir die Skulptur eines *Werftarbeiters*, den ich später fotografiere. Vom gleichen Künstler stammt die Skulptur eines *Diskuswerfers* in der Nähe des Rathauses.

An Petras Geburtstag fahren wir nach *Oldenburg* ins *Horst-Janssen-Museum*. Gezeigt werden Zeichnungen und Gemälde von toten Tieren. Natürlich gekonnt gemacht, aber letztlich nicht sonderlich interessant. Dann schon eher die parallel stattfindende Ausstellung mit Fotografien von *Man Ray*. Insgesamt kommen wir zur Erkenntnis, dass sich ein solcher Ausflug nicht lohnt, zumal die Züge zu dieser Jahreszeit wegen des Inselverkehrs überfüllt sind. Allein der wunderbare friesische Himmel versöhnt uns mit der Wirklichkeit.

Es war unser bisher längster Aufenthalt in WHV. Vielleicht ein gutes Modell für die Zukunft und eine Alternative zu einem vollständigen Umzug, vor dem wir letztlich doch immer wieder zurückschrecken.

*

Während unserer Aufenthalte in *Zimmerschied* und *Wilhelmshaven* lief die Fußball-WM. Jetzt ist sie zu Ende. Als Fazit bleibt: Die deutsche Mannschaft hat restlos enttäuscht. Es fiel den Gegnern nicht schwer, die deutsche Taktik des permanenten Ballbesitzes zu durchschauen und sich darauf einzustellen. Das sah man schon im ersten Gruppenspiel. Die Mexikaner ließen die Deutschen einfach spielen und warteten in der eigenen Hälfte geduldig auf Abspielfehler. Und dann ging es blitzschnell über die Außen nach vorn. Das geschah während des Spiels ein Dutzend Mal, ohne dass *Löw* die Taktik geändert hätte. Prompt verlor Deutschland 0:1 und zwar verdient. Gegen Schweden ging es dank eines Tores in der Nachspielzeit gerade noch einmal gut; dann gegen Süd-Korea das gleiche Bild wie gegen Mexiko. Das Spiel ging 0:2 verloren.

Die deutsche Mannschaft spielte viel zu pomadig, ohne Tempo und war dadurch ausrechenbar. Die schnellen Spitzen *Reus* und *Werner* erhielten kaum brauchbare Bälle. Stattdessen wurde der Ball in der Mitte quer und hin- und hergespielt. Man war sich seiner Sache zu sicher und fühlte sich dank des Ballbesitzes

überlegen. Man ging wohl davon aus, die Vorrunde schon irgendwie zu überstehen (wie bei früheren Turnieren), und dass sich das Team im weiteren Turnierverlauf steigern wird.
Löws hat während des Spiels kein Coaching erkennen lassen. Er ließ die beiden Außenverteidiger munter mitstürmen und entblößte damit die Abwehr. Er hätte erkennen müssen, dass der von ihm bevorzugte Ballbesitzfußball zwar zu einer Scheinüberlegenheit führte, letztlich aber ineffektiv blieb.

Auch blieb mir unverständlich, warum Spieler wie *Müller* oder *Khedira* (man könnte auch noch andere Namen nennen), die sichtlich außer Form waren, spielen durften, während hochmotivierte Spieler wie z.B. *Brandt* immer erst kurz vor Schluss eingewechselt wurden. Wenn er doch so überzeugt von seiner *Confed-Mannschaft* war, die ein Jahr zuvor den *Confed-Cup* gewonnen hatte, warum hat er diesen Spielern nicht mehr Spielzeit gegönnt? Brandt hatte in den wenigen Minuten nach seiner Einwechselung mehr Torszenen als Müller im gesamten Turnier. Es verlangt ja keiner, dass Löw bewährte WM-Spieler gar nicht mehr berücksichtigt; das tut kein Trainer ohne Not; aber früher auswechseln hätte er sie müssen. Sonst kann er junge Spieler nicht an die Mannschaft heranführen.
(Es ist übrigens nicht das erste Mal, dass Löw beim Coaching versagt. Das war auch bei früheren Turnieren schon so. Während des Spiels sieht man ihn kaum an der Linie; und allzu variabel sind seine Stra-

tegien ohnehin nicht. Er ist einfach zu sehr vom deutschen Spiel überzeugt und nicht in der Lage, seine Taktik während eines Spiels den veränderten Bedingungen anzupassen.

Ob er der richtige Mann für einen Neuaufbau ist – da habe ich, bei allen Verdiensten, die Löw um den deutschen Fußball hat, meine Zweifel. Seine Berufungspraxis ist eher konservativ; d.h.: er hält zu lange an Spielern fest, die ihren Zenit längst überschritten haben (z.B. Gomez). Das geht auf Kosten junger Spieler, deren Weiterentwicklung ins Stocken gerät. Die Nichtberufung von *Sané* ist so ein Beispiel. Er, der zum besten Jungprofi der an jungen Talenten nicht gerade armen *Premier League* gewählt wurde, wäre vielleicht der ideale Einwechselspieler gewesen.

Als Interimstrainer könnte ich mir *Horst Hrubesch*[1] vorstellen. Er kann mit jungen Leuten arbeiten; das hat er 2008 bewiesen, als er mit der U 19 Europameister wurde. 2009 betreute er die U 21, die ebenfalls Europameister wurde; aus dieser Mannschaft gingen sechs Spieler hervor, mit denen Löw 2014 Weltmeister wurde.

---

[1] Ich habe Hrubesch 1975, als er noch für RW Essen spielte, beim 3:3 gegen Werder Bremen gesehen. Damals schoss er alle 3 Tore. Und Anfang der 80er Jahre sah ich ihn in Köln; auch da schoss er 3 Tore. Er, der gelernte Dachdecker, hat nie seine Bodenhaftung verloren. Dass er ein guter Trainer ist, hat er erst jüngst erneut bewiesen: als Trainer der deutschen Frauen-Nationalmannschaft!

Noch ein Wort zur WM: Begeistert haben mich Mannschaften wie *Belgien, England* und auch *Mexiko* und *Kolumbien*. Dass *Frankreich* Weltmeister wurde, war früh absehbar. Diese junge, sehr talentierte Mannschaft spielte sehr sicher, taktisch klug und war durch ihr Konterspiel immer gefährlich. Sie haben sich den Sieg durch ihre Konstanz verdient, auch wenn *Kroatien*, das wohl alle überraschte, im Finale durch unglückliche Schiedsrichter-Entscheidungen unter Wert geschlagen wurde.

*

Zurück in *Köln* haben wir Post von der *Wellershoff-Tochter Irene*, die sich für unsere Teilnahme an der Trauerfeier für Dieter und unsere vier Beiträge im *Blog der Republik* zu Aspekten seines Werkes bedankt.

*

Habe meinen Text über *Lachmunds Freunde* von *Karl Mickel*, den ich wegen des Todes von Dieter storniert hatte, an den *Blog der Republik* geschickt. Prompt antwortet *Alfons Pieper*: *Was Sie liefern, ist hohe Kunst, und damit schmücken wir uns.* Eine schöne Bestätigung und Motivation.

*

Wir erhalten eine Einladung zum 70. Geburtstag von G. *Bosch*. Ich sage mit der Begründung ab, dass wir schon seit Jahren derartige Veranstaltungen meiden und vor allem ich mich fast immer fehl am Platz fühle bei solchen Anlässen.

*

Lese den Roman *Die von Montparnasse*, der erstmals 1924 erschien. Ein Künstlerroman über das Leben der Künstler, vor allem der Maler Anfang des 20. Jahrhunderts. Obwohl die Romanfiguren fiktiv sind, hat sich der Verfasser, *Michel Georges-Michel* an Charakterzügen *Modiglianis* oder *Utrillos* orientiert.
Der Roman schildert, unter welch erbärmlichen materiellen Bedingungen viele Maler dieser Zeit gelebt und gearbeitet haben. Und doch bringen sie große Kunst hervor; gegen den Trend der Zeit und vom Publikum ignoriert bis verachtet. Wie viel Glaube an die eigene Mission und wie viel Energie dazu gehört, den eigenen Weg zu finden und gegen alle Widerstände und Widrigkeiten durchzuhalten – das ist Thema des Romans.

Zu den Höhepunkten zählen die zahlreichen Kunstdebatten unter den Künstlern. Sie zeugen von ihrem Ringen um Orientierungen und neuen Kunstformen. Ein Beispiel: *Es geht doch gar nicht darum, ob der Kubismus etwas vorbereitet. Der Kubismus ist Selbstzweck und bedarf keines anderen Zieles. Er hat sich nur deshalb überlebt, weil die Entwicklung zu schnell gegangen ist. Mit den*

ganzen Theorien hat man sich in die Sackgasse manövriert. Braque ist in der Sackgasse stecken geblieben. Und Picasso ist einfach an ihrem Ende über die Mauer gesprungen. Und sieh dir mal die Bilder an, die man kubistisch nennt. Alles reine Oberflächen! Nur Braque in seinem Eigensinn bleibt ausgewogen. Seine kühnen Bildkompositionen sind immer delikat ausgeführt. Ein solider Franzose eben. Er braucht keine Rettung durch das Italienische oder diese elende Bastelei. Picasso? Keine Frage. Es gibt kaum einen Maler unserer Generation, der ihm nicht irgendwas verdankt. Ein Schandmaul hat mal gesagt, seine Bilder seien wie modische Hüte. Es gibt in der Tat kein einziges wirklich ausgewogen durchkomponiertes Kunstwerk von ihm, aber dafür zahllose großartige Werke der Intuition, des Augenblicks und des Zufalls.
Ich ziehe den Zufall vor. Die Spontaneität, das Unbewusste, die Dinge, die man sich nicht aneignen kann. Da liegt doch das wahre Geheimnis der Kunst, das Genie, das Göttliche. Und das ist in uns, über zehn Generationen vorbereitet, wie bei Raffael.

Immer, wenn ich Romane dieser Art lese und dadurch erfahre, unter welchen Bedingungen diese Künstler ihre Werke geschaffen haben, überkommt mich ein heilloser Zorn. Wie ist es möglich, dass unsere sog. *Kulturnationen* diese Leute einfach im Dreck verrecken lassen und sich dann – oft erst nach deren Tod – mit ihren Werken schmücken. Jedem Schlagersternchen kommt mehr Aufmerksamkeit zu als diesen Pionieren der Kunst. Was für eine Ignoranz, Borniertheit, ja Dummheit. Und welche Gleichgültigkeit ihnen gegenüber. Welch ein Heroismus, diesen Verhältnissen zu trotzen.

*

Unterhalte mich im *Basil's* mit *Valentin*, dem Schauspieler, der angefangen hat, zu schreiben. Ihn interessiert die *Identitätsproblematik* und insbesondere die Beziehung zu seinem Vater. Sein Vater war als Zwillingskind aufgewachsen. Als der Bruder mit fünf Jahren starb, sprach man den Vater nur noch mit dessen Namen an; man verlieh ihm damit in gewisser Weise dessen Identität. Nie sei der damit klargekommen. Viele der Geschichten, die sein Vater ihm erzählt habe, hörten sich immer wieder anders an, wenn er sie nach einiger Zeit noch einmal erzählte. Oft widersprachen sie sich geradezu. Das beschäftigt V., und er frage sich immer öfter, welche Prägungen er vom Vater mitbekommen habe.
Mir fällt dazu ein Satz von *Alain Ehrenberg* ein: *Die Angst davor, man selbst zu sein, wird zur Erschöpfung davon, man selbst zu sein.*

*

4.9. - 21.9.: *Zimmerschied*

Sind seit längerer Zeit (ca. 2 Monaten) wieder in *Zimmerschied*. Hier ist alles so, als wären wir erst gestern hier gewesen. Immer wieder sind wir fasziniert von der Landschaft und der Ruhe.

Nach zwei sehr heißen Tagen ist es abgekühlt und wir machen unsere so sehr ersehnte Waldwanderung Richtung *Dausenau*. Auf dem Rückweg sammeln wir Äpfel und Birnen auf, die unter den Bäumen liegen. Diese sind in diesem Jahr derart üppig behangen, dass einige Bäume kurz vor dem Zusammenbrechen sind.

An einem der Tage treffen wir unsere Nachbarin *Uschi Schmidt*, deren Mann *Günter* vor einigen Wochen verstorben ist. Sie müsse jetzt lernen, allein klar zu kommen. Probleme habe sie, sich alleine in ein Restaurant oder in ein Eiscafé zu setzen. Aber sie will ihr Leben neu justieren.
Sie bedankt sich für unseren Brief zu Günters Tod und fragt, ob ich noch schreibe. Daraufhin beschließe ich, ihr mein Reisebuch zu bringen. Sie freut sich sichtlich darüber.

*

Petras Text über den *Goya-Roman* von *Feuchtwanger* ist im *Blog der Republik* erschienen. Wir lesen ihn uns noch einmal vor; er hört sich sehr gut an. Viel Arbeit steckt in solch einem Text. Erfreulich: sie bekommt viel Lob; u.a. von *Klaus* und *Volker Bahl*.

*

Wir lesen gemeinsam mein *Tierbuch für kleine und große Kinder*. Dabei kommt uns die Idee einer Zweitauflage. Man könnte die erste stilistisch überarbeiten (z.B.

Fremdwörter oder Überflüssiges rausnehmen). Und es besteht die Möglichkeit, die Geschichten zu ergänzen und neue einzufügen. Einige Ideen habe ich schon. Mir würde es Spaß machen, daran zu arbeiten, wie es auch Spaß gemacht hat, die Geschichten wieder zu lesen. Vieles war uns entfallen.

*

Seit heute bin ich allein in Zimmerschied. Petra ist heute Morgen gefahren. Wird uns Beiden gut tun. Die letzten Monate waren sehr intensiv, so dass es Zeit ist, einmal durchzuatmen.

*

Habe das *Tier-/Kinderbuch* überarbeitet und nach Köln geschickt, wo *Petra* es gestalten wird. Ich bin froh, dass die Übermittlung geklappt hat; wegen der vielen Zeichnungen musste die Datei geteilt werden. Alles ist gut gegangen. Jetzt hoffe ich, dass Petra nicht allzu viel Arbeit mit der Endredaktion hat.
Jetzt werde ich die Tage hier noch voll genießen. Es herrscht wunderbares Spätsommerwetter und außerdem muss ich meine Erkältung auskurieren. Ende der Woche geht es dann zurück nach Köln.

*

Noch in Zimmerschied. Sauge mich voll mit Eindrücken. Vor allem die Sonnenauf- und -untergänge machen einen geradezu demütig. Scheinbar gleich und doch jedes Mal ein wenig anders. Dazu die Stille. Lese einige Gedichte, passend zur Jahreszeit. Nichts passt so sehr wie *Rilkes: Herr es ist Zeit / der Sommer war sehr groß ... Wer jetzt kein Haus hat / baut sich keines mehr.* Zeilen wie diese spiegeln einem die eigenen Gemütszustände wider. In dieser Atmosphäre habe ich wieder Lust, Musik zu hören. Z.B. die langsamen Passagen aus einigen *Beethoven-Sonaten*.

*

Fahre heute nach 2 ½ Wochen zurück nach *Köln*. Um 7.00 Uhr morgens sitze ich und warte auf den Sonnenaufgang. Noch einmal genieße ich die Atmosphäre hier. Schaue in die hohen Buchen, die immer noch tapfer ihr Grün tragen und bin mir klar darüber, dass heute dieser einmalige Sommer endet. Jetzt überkommt mich die Vorfreude auf Köln. Ein echtes Kontrastprogramm; aber eben auch reizvoll.

*

Schauen uns auf DVD den *Goya-Film* von *Carlos Saura* an; eine interessante Ergänzung zum Roman von *Feuchtwanger*. Interessant an dem Film: Er erzählt aus der Perspektive des Alters und des Exils in *Bordeaux*.

*

Mein alter Klassenlehrer, der abwechselnd in *Kolumbien* und *Spanien* lebt und bei dem ich vor 50 Jahren das Abitur auf dem 2. Bildungsweg gemacht habe, schreibt mir. Er ist entsetzt über den Rechtsruck in Europa und spricht von einem *Gezeitenwechsel*. Er sei ratlos angesichts dessen, was sich da abspielt; vor allem in Deutschland, wie er betont. Ihn irritiert das Tempo, in dem Überzeugungen und institutionelle Arrangements erodieren. Was soll ich ihm zurück schreiben? Auch wir sind ratlos, auch wenn wir einige der Ursachen aufzählen können. Aber reicht das? Was wirklich fehlt, ist eine politische Alternative. Nirgendwo ist Land in Sicht. Das vor allem macht ratlos.

Für uns, die wir diese Rechtsentwicklung täglich vor Augen haben, ist das schon dramatisch genug; für Jemanden, der nur alle paar Monate nach Europa kommt, ist es schier unfassbar.

*

Wir entschließen uns, weitere Bücher als *Zweitauflagen* herauszugeben. D.h.: wir werden sie um einige Beiträge ergänzen; z.B. die *Literarischen Entdeckungen* mit den Rezensionen, die wir für den *Blog der Republik* geschrieben haben.

*

Ich arbeite seit einer Woche an einem längeren Text über *Dieter Wellershoff*; d.h.: ich werte die Briefe und die Protokolle von unseren Begegnungen und Telefongesprächen aus. Bin überrascht, wie viel da zusammenkommt. Fast in jedem Dokument findet sich ein kleines oder größeres Juwel.

Da trifft es sich gut, dass wir am 30.9. an einer Gedenkveranstaltung für ihn teilnehmen. Die *Oberbürgermeisterin Reker* hat dazu eingeladen.
Es war eine sehr gelungene, würdige Veranstaltung von ca. 2 Stunden. Die Tochter *Irene* sprach über familiäre Dinge; dann wurden Passagen aus einem Hörspiel über *Schnee* eingespielt. Der Schauspieler *Bernd Hahn* las aus seinem Werk, u.a. einen sehr nachdenkenswerten Text über das Altern, und schließlich gab es eine Diskussionsrunde mit dem ehemaligen Leiter des Kölner Literaturhauses *Böhm*; dem Literaturwissenschaftler *Werner Jung*; dem Verlagsleiter *Malchow* von KiWi und einer jüngeren Schriftstellerin. Geleitet wurde die Runde vom Literaturkritiker *Hubert Winkels*, der mir schon mehrfach positiv aufgefallen ist. Insgesamt eine sehr ansprechende Angelegenheit.

Hin und zurück sind wir bei schönem Herbstwetter gelaufen. Auf dem Hinweg kamen wir zufällig auf einen großen Innenhof in der Nähe des *Heumarkts*, an dem sich das *Hänneschen-Theater* befindet. Zahlreiche Erwachsene warteten auf Einlass. Seit wir in Köln sind, wollen wir uns eine Vorstellung anschauen; bisher ist es nicht dazu gekommen. Nach der Veranstaltung gingen wir einmal wieder ins *Weinhaus Vogel*, wo wir uns meist sehr wohl fühlen.

*

Der Text mit *Erinnerungen an Dieter Wellershoff* ist fertig. Wegen der Länge entschließen wir uns, ihn als Buch herauszubringen. Es ist damit unser drittes Buch über ihn. Die Arbeit war aufwändig, hat aber auch Spaß gemacht; vor allem hat sie uns Wellershoff wieder sehr nahe gebracht.

*

Tom, der im *Basil's* bedient, lädt uns zu seinem 23. Geburtstag ein. Wir verbringen einen angenehmen Abend mit sehr verständigen jungen Leuten. Unwillkürlich muss ich an die Zeit denken, als ich selbst 23 Jahre alt war: das war 1968.

*

Schreibe eine Mail an eine Redakteurin des *Kölner Stadt-Anzeigers*, die eine Besprechung eines Gedichts von *Hilde Domin* verfasst hat. Schicke ihr mein Gedicht über sie. Wider Erwarten schreibt sie zurück: *Freut mich sehr, dass ich Ihren Lyrik-Geschmack getroffen habe. Vielen Dank auch für Ihr Widmungsgedicht, das ich mit Freude gelesen habe!*

*

Klaus teilt mit, dass sie im Rahmen der Veranstaltungen der *a Lasko-Bibliothek* einen Abend über *Jean Paul* planen. Lese daraufhin die Biographie *Jean Pauls* von *Günter de Bruyn* noch einmal, die wir vor Jahren schon einmal gelesen hatten. *Petra* hat ihm damals geschrieben. Und er – schon über achtzig – schrieb zurück und wunderte sich darüber, dass sein Buch, das in der *Büchergilde Gutenberg* neu aufgelegt worden war, noch gelesen wird.

Das Buch ist mehr als eine Biographie. De Bruyn gelingt es, die Lebensgeschichte Jean Pauls in die gesellschaftlichen und geistesgeschichtlichen Entwicklungen zu integrieren. Vor diesem Hintergrund interpretiert er das Werk. Bedrückend einmal mehr: die elenden materiellen Verhältnisse, unter denen Jean Paul lebte und arbeitete. Nur mit eisernem Willen gelingt es ihm, sich zu behaupten; ja man kann sagen, zu überleben. Dass er kein Einzelfall ist, versteht sich von selbst: Fast alle bedeutenden Männer der Zeit – außer Goethe natürlich – teilen ein ähnliches Schicksal: *Herder; Hamann; Winckelmann; Kant; Fichte; Hegel; Schleiermacher; Hölderlin; Basedow; Campe; Lenz; Karl Philipp Moritz* u.v.m. Die Liste ließe sich weiter fortsetzen, bis hin zu *Arno Schmidt*.

Jean Paul entwickelt bereits früh eine Distanz zu seiner Umgebung. Er ist von überragender Intelligenz und bezieht von daher sein Selbstbewusstsein. Nichts

befürchtet er mehr, als sich anzupassen und so zu werden, wie die meisten in seinem Umkreis. *Diese Befürchtung ist grundlos. Zur Anpassung ist er unfähig. Das wird umfunktioniert in Stolz.* Von Kindheit an ist die Erfahrung da, dass er anders ist als andere, dass er tiefer fühlt, schärfer denkt, mehr gelesen hat, intensiver an sich arbeitet. Und schon früh weiß er, was er will: er will Bücher schreiben; Schriftsteller werden.
Der Weg dahin ist mehr als steinig. Immer wieder gibt es Rückschläge. Das hat auch mit seinem Stil zu tun. Jemand, der so viel weiß wie er und der so ehrgeizig ist, neigt dazu, alles auf einmal sagen zu wollen. Als 59jähriger schreibt er über seine Anfangszeit: *In solch weit und noch weiter hergeholten Metaphern springt der junge Autor von einem Gedanken zum nächsten. Ein buntfarbiges Stufenkabinett von lauter Gleichnissen, freilich von mehr Glimmer als Schimmer. Nicht nur von einem Periodenpunkt zum anderen, auf ein Redeblumengebüsch von Gleichnis, und zwischen jedem Komma hat der Leser Geblümtes und Blühendes zu überwinden.*
Es ist der Stil eines jungen Autodidakten, der zeigen will, was er kann; der stolz darauf ist, in jedem Satz Witz und Gelehrsamkeit beweisen zu können. Im Wesentlichen ist das sein Stil geblieben: ein Assoziationsgetümmel voller großartiger Bilder und Ausschmückungen.
Es gibt nur Wenige, die das Besondere, ja Geniale an Jean Paul erkannt haben. Einer von ihnen ist *Karl Philipp Moritz* – ein Bruder im Geiste, könnte man sagen. An diesen schickt er ein Romanfragment. Moritz hält das für Irreführung, vermutet eine Berühmtheit, die

sein Urteilsvermögen durch fremde Handschrift auf die Probe stellen will. Und Moritz, ein Freund und Bewunderer Goethes, urteilt: *Das begreife ich nicht, das ist noch über Goethe, das ist ganz was Neues.* Er liest – obwohl schwer krank – das Manuskript in zwei Tagen durch und schreibt an Jean Paul: *Und wenn Sie am Ende der Welt wären, und müsst ich hundert Stürme aushalten, um zu Ihnen zu kommen, so flieg' ich in Ihre Arme! Wo wohnen Sie? Wer sind Sie? – Ihr Werk ist ein Juwel; es haftet mir, bis sein Urheber sich mir näher offenbart!*

*

Ich beschäftige mich wieder mit meinem Projektvorhaben *Hartz-Fear*, in dem ich Fallbeispiele von abgehängten und verarmten Leuten darstellen will. Dabei stoße ich auf die Schauspielerin, Dichterin und Sängerin *Lorose Keller*, über die in einem Beitrag des *Kölner Stadt-Anzeigers* mit dem Titel *Künstlerin (83), wohnungslos, sucht...* berichtet wird. Zum ersten Mal gehört von ihr habe ich, als ich mit dem Kölner Schriftsteller *Erasmus Schöfer* in einem Straßencafé in der Südstadt saß. Wir diskutieren über meinen *Schattenroman*, als *Maria Wellershoff* vorbei kam. Sie hielt kurz an und erzählte, sie hätten Besuch von einer alten Bekannten, die zur Zeit wohnungslos sei. Diese sei ohne Vorankündigung bei ihnen aufgetaucht – aus Ägypten. Eine interessante, schillernde Persönlichkeit. Sie habe bei ihnen übernachtet, und jetzt bringe sie die Bettwäsche in die Reinigung.

Später erfuhren wir, dass *Wellershoff* ihre Lyrik sehr geschätzt hat. In dem Zeitungsartikel erfährt man einiges über ihr Leben; z.B. dass sie mit *Fellini* einen Film gedreht hat. Und dass sie Romane geschrieben, gemalt und als Schauspielerin viele Rollen gespielt hat. Trotz allem ist es ihr nie gelungen, irgendwo sesshaft zu werden. Völlig verarmt versuchte sie alles Mögliche, um irgendwie auf die Beine zu kommen – vergeblich. Am 3. November 2016 – dem Geburtstag von Dieter Wellershoff – ist sie gestorben.

*

Waren zum 60. Geburtstag von *Pitt H.* eingeladen. Es waren um die fünfzig Leute da; die meisten kannten wir aus dem *Basil's*. Es wurde ein angenehmer, teilweise sogar lustiger Abend; vor allem wegen *Rolf*, des Adoptiv-Vaters von *Sabine*, mit dem man wunderbar witzeln kann: spontan und intelligent. Er ist ein Situationskomiker. Wir lachen Tränen; wann hat es das zum letzten Mal gegeben?
Auch Pitt ist in Hochform. Er spielt seine Gastgeberrolle mit viel Charme und stets ein wenig über den Dingen stehend. Er ist schon eine Marke für sich. Am nächsten Tag ruft seine Frau *Conny* an: Pitt und sie seien noch ganz erfüllt von dem Fest. Sie möchten sich bei uns allen bedanken, die wir dabei waren. Eine ungewöhnliche Geste, denn recht eigentlich haben wir uns zu bedanken.

*

Bei herrlichem Herbstwetter aktivieren wir unsere *Pacer* und fahren die Rheinstrecke bis nach *Niehl* und zurück. Ein wunderbares Fahrgefühl, wieder einmal auf dem Rennrad zu sitzen; in voller Montur. Wir wollen das veralltäglichen, weil wir ansonsten nur ein- oder zweimal im Jahr dazu kommen, unsere tollen Räder zu nutzen.

*

16.10. – 22.10. *Zimmerschied*

Fahren kurz entschlossen nach *Zimmerschied*, um die letzten schönen Herbsttage zu genießen. Ein prächtig gefärbter Wald empfängt uns hier, und vor allem genießen wir die Ruhe. Auf der Fahrt hierher haben wir uns beim *Weindepot* noch mit Wein versorgt und in *Montabaur* bei Edeka eingekauft. Und schließlich haben wir uns beim *Michael* in *Welschneudorf* noch zwei phantastische Rumpsteaks geholt. So gute bekommen wir in Köln nicht.

Lese *de Bruyn* zu Ende. Mir gefällt, wie er *Jean Paul* u.a. zeitgeschichtlich einordnet und ihn gleichzeitig als selbständigen Dichter und Denker einstuft, der sich keiner – vor allem nicht der klassischen Doktrin – unterwirft. Werde mich weiter mit diesem Autor beschäftigen, zumal wir soeben entdeckt haben, dass der

Frankfurter Germanist *Wuthenow* sich als großer Kenner Jean Pauls erweist. Über dessen stilistische Eigenarten schreibt er in seinem Aufsatz *Das schreibende Ich*:

Jean Paul verstellt den Zugang in die Gartenlandschaft seiner idyllischen oder abenteuerlichen Erzählungen durch ein Gewirr von Fassaden, Bollwerken, sich weiter verzweigenden Heckengängen und klug berechneten Seitenpfaden, die als reine Spielerei oder pedantische Willkür erscheinen und auf die auch der Urheber nicht vermeidet mit Befriedigung und leichtem Spott immer wieder hinzuweisen. An jedem Nebenweg zieht er den Leser, ironisch erklärend, beiseite ins Vertrauen, bis dieser schließlich begreift, dass die umständlichen Zugänge bereits der Garten selber sind, in dem er, sich ergehend, Vergnügen und Unterhaltung finden wollte. Nur ein paar größere Blumenbeete, Laubengänge und wundervolle Fernsichten bleiben ihm zurück.

Und etwas später heißt es: *Kommentar und Abschweifung überwuchern die Erzählung selbst. Das ist eine Tatsache, und immer neu wird sie, tadelnd oder doch bedauernd, angeführt. Dass aber eben Kommentar und Arabeske die Erzählung selber sind, der erzählte Stoff hingegen nur ein Anlass dazu, gleichsam das Gerüst, das machen sich nur die wenigen Leser klar, die dieser wunderliche Dichter noch besitzt.*

Von Jean Paul lese ich noch die Abhandlung *Über die natürliche Magie der Einbildungskraft*. Gleich zu Anfang unterscheidet er die Begriffe *Gedächtnis, Erinnerung* und *Phantasie: Gedächtnis ist nur eine eingeschränktere Phanta-*

sie. *Erinnerung ist nicht die bloße Wahrnehmung der Identität zweier Bilder, sondern sie ist die Wahrnehmung der Verschiedenheit des räumlichen und zeitlichen Verhältnisses gleicher Bilder. Folglich breitet sich die Erinnerung über die Verhältnisse der Zeit und des Orts und also über Reih und Folge aus; aber bloßes Ein- und Vorbilden stellt einen Gegenstand nur abgerissen dar.*
Die fünf Sinne heben mir außerhalb, die Phantasie innerhalb meines Kopfes einen Blumengarten vor die Seele; jene gestalten und malen, diese tut es auch; jene drücken die Natur mit fünf verschiedenen Platten ab, diese als sensorium commune liefert sie alle mit einer.

*

Wir verbringen die Tage in gewohnter Manier: morgens Lektüre, wozu auch die Online-Ausgaben der großen Zeitungen gehören. Dann sammeln wir Äpfel und Birnen, die es in einer Fülle gibt, wie wir es noch nie erlebt haben. Und wir machen ausgedehnte Wanderungen und Fahrradtouren. Sobald die Sonne genügend wärmt, sitzen wir draußen und lesen uns vor: diesmal aus dem *Reisebuch*. Auf diese Weise erleben wir unsere Reisen noch einmal und wundern uns, wie differenziert wir sie festgehalten haben, vor allem in unseren Reisetagebüchern.

Als wir am letzten Tag unseres Aufenthalts noch einmal zum Südhang des Dorfes gehen, bietet sich uns ein grandioses Schauspiel: auf einem Mittelstreifen des Panoramas hat sich eine Nebelwand gebildet, die sich über den Oberbach bis hinunter zur Lahn zieht; darüber der klare, blaue Himmel, während die Sonne die ersten Farben in den Mischwald malt. Auf den Obstwiesen sammeln Leute Früchte ein. Nachmittags dann das alljährliche Ritual: die *Zugvögel* fliegen gen Süden; rechtzeitig, bevor die Kälte einsetzt, die für morgen gemeldet wird.

*

Wieder in *Köln*, ziehen wohl an die zwanzig Schwärme von Zugvögeln über uns hinweg; ein imposanter, immer auch ein wenig wehmütig stimmender Eindruck. Mögen sie gut an- und wieder zurückkommen.

*

Unser neues *Wellershoff-Buch* ist angekommen. Es ist ein ansehnliches Büchlein geworden; in einem hübschen Einband. Wir schicken es an *Klaus* und *Gabi*, *Prof. Dr. Werner Jung* und an die Wellershoff-Tochter *Irene*.

Als ich in dem Buch blättere, bleibe ich am Text hängen und lese in einem Stück ca. 50 Seiten. *Petra* ging es parallel genauso.

*

Rufe *Frauke* an, die sich jedes Mal zu freuen scheint. Sie erzählt, dass sie wegen der hohen Kosten in ein

anderes Heim nach *Borssum* umziehen muss, wo sie ein Doppelzimmer erhält. Ob das für sie gut ist, weiß man nicht. Vielleicht bringt es etwas Abwechslung in ihren Alltag; vielleicht aber auch Belastungen, weil viele dieser alten Menschen dement sind. Bei all dem ist sie relativ gelassen, weil sie bereits Erfahrungen mit solchen Situationen gemacht hat. Gesundheitlich geht es ihr schlecht. Die Augen lassen immer mehr nach, so dass sie kaum noch fernsehen kann. Lesen kann sie schon lange nicht mehr. So bleibt ihr nur, Musik zu hören, was sie immer noch gern macht.
Ansonsten weiß man nicht viel zu erzählen. Bei ihr wendet sich alles zum Schlechteren, und uns geht es gut: das ist eine schwierige Gesprächskonstellation.

*

Klaus hat unser Buch über unsere Erinnerungen an *Wellershoff* gelesen und schreibt:

Euer Buch, das heute eintraf, wollte ich gerne in einem Durchgang lesen. Das habe ich jetzt schon zweimal getan, womit schon sehr Wesentliches gesagt ist: Es ist überaus gut lesbar!!! Durch den Bezug auf Euer eigenes Wirken und die gegenseitigen Reaktionen (Besuche, Telefonate, Briefe) wirkt es sehr lebendig, bekommt fast schon einen erzählerischen Charakter. Wenn man dann Denis Schecks Äußerung liest, dass Ihr selber einem Wellershoff-Buch entsprungen sein könntet, ist dem kaum zu widersprechen. Vieles wird wieder lebendig bei der Lektüre. Einiges verblüfft, etwa wenn man bedenkt, dass Arno Schmidt nicht über Jean Paul schreiben wollte, weil der ihm zu ähnlich sei, und Dieter Wellershoff genau dies über Arno Schmidt sagt.

Insgesamt zeigt der Band sehr schön, was für eine Bereicherung die Begegnung mit Dieter Wellershoff für Euch auf so vielen Ebenen gewesen ist. Wir sind sehr froh, dass wir über Euch daran teilhaben konnten, nicht zuletzt durch den heutigen Band.

Gratulation zu diesem Buch.

*

Erhalte den dritten Band von Götz Eisenbergs *Sozialpsychologie des entfesselten Kapitalismus. Zwischen Anarchismus und Populismus* heißt der Band. Wie immer behandelt er ein breites Themenspektrum; er verbindet seine kritischen Alltagswahrnehmungen mit historischen und theoretischen Exkursionen. Heraus kommen tiefschürfende Analysen von scheinbar unmerklichen Veränderungen unseres Alltagslebens, die zu psychischen Deformationen und zu wahnhaften Entwicklungen mutieren (*Handywahn*). Die Texte bringen einen dazu, nachzudenken, innezuhalten, zurückzuschauen und das Ausmaß der pathologischen Verhaltensänderungen in unserer Gesellschaft zu begreifen. Sehr eindrucksvoll wird das geschildert, und zuweilen kann einem angst und bange werden, sobald man begreift, wie weit wir uns bereits von einem humanen, solidarischen gesellschaftlichen Miteinander entfernt haben.

Besonders beeindruckt hat mich das Kapitel über den *Spanischen Bürgerkrieg*. Darüber hatte ich oft mit meinem alten Klassenlehrer, der sich in spanischer Kultur und Geschichte auskannte, diskutiert. Er erzählte mir damals, dass sich die Anarchisten geweigert hätten, sich vor den Faschisten zu verstecken. Mit offenem Visier seien sie denen entgegen getreten, was natürlich zu verheerenden Verlusten führte.
Besonders lesenswert die Kapitel über die *Bayerische Räterepublik*, die *Oktoberrevolution*, über das *Unbehagen der kleinen Leute* und der *Versuch über die Einsamkeit*. Götz E. bleibt nie an der Oberfläche; bis in die psychischen Verästelungen hinein analysiert er die Sachverhalte und verschont uns nicht mit Einsichten, die schmerzlich sind. Etwa der Unfähigkeit der Linken, solidarische Kommunikations- und Politikformen zu praktizieren. Die Verzweiflung darüber spürt man auf vielen Seiten des Buches, auch weil man sich schlicht fragen muss, woher er denn kommen soll, der dringend notwendige, weil überfällige Widerstand gegen den Populismus der Rechten.

Das Buch wurde unserem gemeinsamen Studienkollegen *Burkhard Scherer* gewidmet, der 2017 im Alter von 67 Jahren gestorben ist. Wir gehörten beide der Fachschaft des Politischen Seminars an, an dem wir als studentische Tutoren tätig waren. Oft haben wir stundenlang zusammen gesessen, diskutiert und Musik gehört. Ich verdanke ihm meinen Zugang zur neueren Pop-Musik, z.B. zu Gruppen wie *Cream* oder

Colosseum, die ich ohne ihn wohl nie kennengelernt hätte. Noch heute haben wir die Schallplatten von damals; leicht zerkratzt, aber noch gut hörbar.

*

Mein Artikel *Mehr Demokratie wagen. Überlegungen zu einem zeitgemäßen Politikverständnis* ist im *Blog der Republik* erschienen. Es handelt sich um einen älteren Beitrag zur Demokratietheorie, den ich ein wenig aktualisiert habe. Er stellt den Versuch dar, einmal über den Tellerrand des politischen Alltags hinaus zu blicken.

Daraufhin schreibt mir *Wolfgang: Schön, dass Du mit Deinem heutigen Beitrag endlich einmal wieder den Blick auf die „Demokratie in der Wirtschaft" lenkst. Dieses Defizit in der Politisierungs- und Demokratisierungsdebatte ist in den letzten Jahren nicht angesprochen worden. Auch dass Du Dich an den fast schon vergessenen Gesellschaftstheoretikern Habermas, Beck und Negt/Kluge abgearbeitet hast, ist wichtig. Dein Text ist allerdings höchst anspruchsvoll. Es wäre sicher sehr hilfreich, diese Gedanken auf das Niveau gewerkschaftlicher Bildungsarbeit herunter zu brechen. Mir war Dein Artikel Anstoß zum Nachdenken.*

*

Die Wellershoff-Tochter *Irene*, der wir unser Buch über ihren Vater zugeschickt hatten, schreibt uns:

Gerade habe ich Ihr Erinnerungsbuch an meinen Vater aus der Hand gelegt, das mich völlig unerwartet in der vergangenen Woche erreichte. Am Wochenende, das ich in Köln bei meiner Mutter verbrachte, habe ich angefangen zu lesen – und zwar im Arbeitszimmer von Dieter, wo ich mich ihm durch den Raum und Ihr Buch besonders nahe fühlte. Und nun habe ich es heute im Zug auf einer Dienstreise zu Ende gelesen.

Allein die Tatsache, dass Sie es geschrieben haben und zwar so kurz nach seinem Tod, hat mich sehr gerührt! Viele seiner Briefe zeigen, wie wichtig es ihm war, verstanden zu werden, und wie sehr er unter manchen Kritikern gelitten hat. Insofern waren Sie beide für ihn ein Trost, eine Bestätigung, ein Glück. Nicht alle Schriftsteller haben dieses Glück, dass Leser ihr Werk so gut verstehen, reflektieren und dann ihre Gedanken auch noch so treffend in Worte fassen können! So hat sich über Jahre ein interessantes Zwiegespräch zwischen Ihnen ergeben, aus dem ich auch noch viel erfahren habe, was ich nicht wusste, bis hin zu Formulierungen wie „Ein Glücksbote im Verschwinden", die sein originelles und immer wieder überraschendes Denken zeigen. Bis zum Schluss hat er uns mit seinen Gedanken und Formulierungen überrascht und uns und vielen anderen Menschen ein geistiges Erbe hinterlassen. Über Putin und die Krim haben wir übrigens auch diskutiert, da waren wir nicht seiner Meinung, aber auch das zeigt: einer Mehrheitsmeinung hat er sich selten angeschlossen. Auf Seite 84 gibt es ein paar kleine Fehler, möglicherweise hat Dieter sich nicht mehr genau erinnert. Eine Äußerung hat er Marianne zugeschrieben, die von mir stammt, und mein Bruder Gerald war nicht 3 Jahre alt, als Günther Steffens bei uns war. Meiner Erinnerung nach hat Steffens das zu mir und evtl. auch zu meinem Bruder gesagt, da waren wir vielleicht 15 und 12 Jahre alt, das müsste man nochmal nachrechnen. Mein Mann hat Ihr Buch schon bei Wikipedia eingetragen, so findet es hoffentlich noch mehr interessierte Leser.

*

Klaus schreibt dazu und zu meinem Blog-Text:

Eine schönere Würdigung als die von Irene Wellershoff kann ich mir kaum vorstellen!!! Bedenkenswert auch Deine Anmerkungen zu einem modernen Politikverständnis. Wie vieles ist nie umgesetzt worden oder verloren gegangen, wie sehr hinkt das, was man Demokratiebewegung nennen möchte, den realen Entwicklungen hinterher, wie viele Konfliktfelder bleiben brach liegen, vor allem, wenn es ins Ökonomische geht. Wenn ich mir die aktuelle Situation anschaue, habe ich oft das Gefühl, wir müssten wieder ganz von vorne anfangen. Erschreckend finde ich, wenn im gleichen Blog ein Friedrich Merz als Befreiungsschlag empfunden wird. Für mich war er immer ein Inbegriff für Neoliberalismus, oder sehe ich das falsch? Wie gut, dass Du das Problem grundsätzlicher angehst, so dass man einmal weg von den handelnden Personen kommt.

*

Ein Tag, wie er uns gefällt. Wir gehen zu Fuß durch die *Flora* an den *Rhein* und weiter bis zum *Museum*

Ludwig, wo wir uns eine Ausstellung von *Gabriele Münter* anschauen. Eine interessante Künstlerin, die viele Stilarten ausprobiert hat und ein enormes Werk geschaffen hat – trotz teilweise schwierigster Lebensumstände. Wir sind beeindruckt.

Nach einem kurzen Aufenthalt im Museumscafé (2 Cappuccini für 6,80) machen wir Station bei *Giovanni,* unserem Italiener aus ISO-Zeiten. Über 20 Jahre waren wir nicht mehr hier. Er begrüßt uns freundlich und das Essen schmeckt uns. Außerdem ist es erheblich preiswerter als bei *Santo,* unserem Hausitaliener. Wir werden wohl in Zukunft öfter bei ihm einkehren.

Nachdem wir beim Türken Nüsse und Pistazien gekauft haben, gehen wir in den kleinen Blumenladen *Ecke Kuenstraße/Eichstraße.* Die Inhaberin steckt uns einen wunderschönen, bunten Strauß zusammen; zu jeder Blume hat sie etwas zu sagen und weiß, wo sie herkommt. Einzelne Blumen versorgt sie mit heißem Wasser und gibt uns Anweisungen, wie sie zu behandeln sind. Dort werden wir künftig unsere Blumensträuße kaufen.

Zu Hause lassen wir bei einem Glas Wein den Tag ausklingen.

*

Lese von *Harald Hartung* das Buch *Der Tag vor dem Abend;* eine Art Journal in Form von Literatur- und

Kunstkritiken; Reisenotizen; Erinnerungen; Reflexionen aller Art. Auf Seite 126 zitiert er *Odo Marquard*, dessen Philosophie-Vorlesungen ich Ende der 60er/Anfang der 70er Jahre besucht habe. In einem *Gespräch über das Alter* meint er, das Positive des Alters bestünde darin, dass man *theoriefähig* sei. Man verfüge über die Fähigkeit, *zu sehen, was ist, weil man nicht mehr durch die Zukunft korrumpiert wird.*
Zunächst eine verblüffende Aussage. Denkt man darüber nach, wird klar, wie recht er hat. In jüngeren Jahren schielt man zu sehr auf die Wirkung dessen, was man denkt und schreibt. Man möchte anerkannt werden; Teil einer Community sein; vielleicht strebt man auch nach Originalität. Das alles interessiert im Alter weniger. Man ist eher bereit, die Dinge beim Namen zu nennen, ohne Rücksichten darauf, was Andere davon halten mögen. In gewisser Weise denkt man radikaler oder sagen wir es so: man konzentriert sich auf das Wesentliche.

Im Fortgang des Gesprächs wird Marquard gefragt, ob er an die *Auferstehung* glaubt. Darauf antwortet er, schon die Vorstellung, nach dem Schlaf das Bett zu verlassen, sei bei ihm negativ belegt. Wörtlich: *Wenn der liebe Gott es gut mit mir meint, wird er mir die Auferweckung im Jenseits vielleicht ersparen und mich schlafen lassen.* Dazu Hartung: *Eine Vorstellung, die einem passionierten Schläfer aus der Seele gesprochen ist.* Dem schließe ich mich voller Überzeugung an.

*

Der Buchhändler *Klaus Bittner* ist mit dem Deutschen Buchhandlungspreis ausgezeichnet worden. Eine verdiente Auszeichnung, die mit 25.000 E dotiert ist. Wir waren jahrelang Kunde bei ihm. Viele Gespräche über Literatur haben wir mit ihm geführt, und natürlich erhielten wir viele Tipps von ihm. Zeitweise gingen wir anschließend mit einem Stapel der empfohlenen Bücher nach Hause.

Ich erinnere mich an ein Gespräch mit Bittner aus dem Jahre 2011. Wir hatten im *Literaturhaus Köln* eine Veranstaltung zum 100. Geburtstag des Kunst- und Literaturkritikers *Albrecht Fabri* besucht. Eingeladen war der Kölner Schriftsteller *Jürgen Becker,* der Fabri noch gekannt hatte und von dessen legendären Auftritten berichtete. Becker las einige der Kritiken vor, die Fabri verfasst hatte. *Vom Text verstand kaum einer was – aber jeder fand ihn wunderbar,* meinte Becker.
Wir sprachen unseren Buchhändler Bittner darauf an und fragten ihn, ob es Texte von Fabri gibt, die man nachlesen kann. Dabei stellte sich heraus, dass auch Bittner Fabri gekannt hat, und nach einigem überlegen fiel ihm ein, dass er noch verstreute Texte in seinem Giftschrank haben müsse. Er ging in einen Nebenraum und kam mit einigen Broschüren wieder, die er uns mitgab.

Da wir seit geraumer Zeit kaum noch in die Innenstadt gehen (auch weil es unsere italienische Ecke bei

Standa nicht mehr gibt), besuchen wir auch unsere ehemalige Buchhandlung nicht mehr. Ein Grund ist: wir wollen die vielen Bücher, die z.T. immer noch ungelesen in unseren Regalen stehen, erst einmal lesen, bevor wir weitere Bücher kaufen.

*

Wir erhalten eine weitere Mail der *Wellershoff-Tochter I.*:

Eine Stelle aus Ihrem Buch ist mir noch einmal durch den Kopf gegangen, und zwar Dieters Anmerkung zur Annektierung der Krim durch Putin: Er würde bewundern, dass Putin dies ohne Krieg und Blutvergießen geschafft hätte. Das stimmt nun leider überhaupt nicht, der Krieg in der Ukraine ist ja jetzt noch im Gange und hat mindestens 10.000 Todesopfer gefordert. Die Separatisten wären auch schon gleich zu Beginn von der Ukraine besiegt worden, bzw. waren praktisch schon besiegt. Daraufhin hat Russland Soldaten geschickt, die dort in inoffiziellen Uniformen kämpfen. Ganz zu schweigen vom Abschuss eines Passagierflugzeuges durch das russische Militär.
Ich denke, dass Dieter sich so geäußert hat zu einem Zeitpunkt, als er nicht mehr in der Lage war, die politisch-militärische Situation richtig einzuschätzen – in früheren Lebensjahren hätte er so etwas nicht gesagt.

Daher habe ich die Bitte, dass Sie diese Stelle aus dem Buch entfernen. Bei Books on Demand müsste das doch eigentlich leicht möglich sein?

Wie soll man sich zu einem solchen Ansinnen verhalten? Wellershoffs Aussagen bezogen sich damals auf die Krim. Als er sich dazu äußerte, war er hellwach und durchaus noch in der Lage, sich ein Urteil zu bilden. Soll man sich jetzt in einen Disput über die Deutung des Geschehens begeben? Wir verspüren dazu keine Neigung. Wir wollen jetzt erst einmal abwarten, welche Reaktionen noch kommen, bevor wir entscheiden, ob wir eine zweite Auflage machen. Darin werden wir Wellershoffs Aussage klarstellen. Und wir wollen den Band um unseren *Emder Vortrag: Eine subjektive Annäherung* und einen weiteren Text mit dem Titel *Literatur als Verdichtung des großen Lebenstextes* ergänzen; beide Texte sind im *Blog der Republik* erschienen, aber ansonsten nicht zugänglich.

*

Wir haben wie folgt geantwortet:

Wir haben noch einmal in unseren Unterlagen nachgeschaut. Das etwa 2stündige Gespräch fand am 14.4.2014 statt. Aus unserem Gesprächsprotokoll geht hervor, dass Dieter an diesem Tag "hellwach war und wie gewohnt präzise und scharf formulierte". Seine Äußerungen bezogen sich auf die Krim, nicht auf die Vorgänge in der Ostukraine. Diese Präzisierung würden wir in einer Zweitauflage vornehmen, um Missverständnisse zu vermeiden. Durch die Einlassungen Ihrer Mutter über die wechselvolle Geschichte der Gebietsansprüche auf die Krim wird dieser Sachverhalt noch einmal bestätigt.

Wir halten es für zeitgeschichtlich bedeutsam, dass ein Schriftsteller vom Format Dieter Wellershoffs sich in dieser Frage der Mehrheitsmeinung nicht angeschlossen hat.

Im Übrigen werden wir Ihre Hinweise, die die Ausführungen auf Seite 84 betreffen, selbstverständlich berücksichtigen.

*

Höre auf WDR 5 die Sendung *Tagesgespräch*, in der es um den Zustand der SPD geht. Ein alter SPD-ler, der seit *Schröders Agenda 2010* die Partei nicht mehr wählt, sagt zur aktuellen Politik der Vorsitzenden *Nahles: Sie will jetzt einen Fahrplan für die nächste Zeit vorlegen. Aber sie merkt nicht, dass der Zug längst abgefahren ist.*

*

Lese von *Werner Jung*, einem Germanistik-Professor von der *Universität Essen-Duisburg*, das Buch *Im Dunkel des gelebten Augenblicks*. Es ist ein Buch über das Gesamtwerk *Dieter Wellershoffs*. Jung versteht es, die zeit- und geistesgeschichtlichen Bezüge des Denkens von Wellershoff darzustellen, so dass man das Werk noch einmal ganz neu sieht. Besonders beeindruckt hat mich das Kapitel über Wellershoffs Beschäftigung mit *Gottfried Benn*. Er hat über Benn promoviert und eine Monographie über ihn geschrieben. Später hat er dann – unter tatkräftiger Mitwirkung seiner Frau *Maria* – eine vierbändige Benn-Ausgabe herausgegeben.

Der kulturkritische Skeptizismus Benns liest sich wie eine aktuelle Zeitdiagnose. Wellershoff fasst die Haltung Benns wie folgt zusammen:

Interessenegoismus, Konkretismus, ein praktisches Ohnemich, aber ohne sittlichen Impuls und ohne Bereitschaft zum Widerstand gegen kollektive Prozesse, vielmehr sich legitimierend mit der durch den gelegentlichen Gang zur Wahlurne keineswegs beirrbaren Einsicht, dass ohnehin alles ohne mich geschehe und die Initiative eines Einzelnen doch spurlos bleibe, Skepsis gegenüber Parolen und als deren Kennzeichen konformistische Anerkennung der Tatsachen, eine Mentalität, die unfähig zur Entrüstung zu sein scheint, ein Realismus, der gelernt hat, dass Anpassung die beste Form des Sichdraushaltens ist: – das ist, zugespitzt natürlich, der sozialpsychologische Befund heute.

*

Schenken unserer *Obst- und Gemüsefrau Tatjana* das Reisebuch mit folgender Widmung: *Für Tatjana, die mit ihren Produkten unser Leben bereichert.* Sie ist überrascht und gerührt. Bin gespannt auf ihre Leseerfahrungen.

*

Treffe mich nach langer Zeit mit *Wolfgang* im *Basil's*: eine Stunde vor dem Spiel *Athletico* gegen *BVB*, das 2:0 endet. Wir reden über dies und das, im besten Einvernehmen, wie immer. Wie wir hat er den Aufruf der Sammlungsbewegung *Aufstehen,* die von *Wagenknecht* initiiert wurde, nicht unterschrieben. Ausschlaggebend war die ablehnende Haltung gegenüber der Bewegung *Unteilbar,* einem breiten gesellschaftlichen Bündnis für eine *offene Gesellschaft.* Man hätte ja die eigene Position im Rahmen des Bündnisses präzisieren können, indem man z.B. sagt: Offene Gesellschaft kann nicht bedeuten, dass wir alle Flüchtlinge aufnehmen. Aber der Forderung nach Demokratie, Meinungsfreiheit, Gerechtigkeit und Rechtsstaatlichkeit fühlen auch wir uns verpflichtet. So hat die Ablehnung etwas Sektiererisches, und man fragt sich unwillkürlich, wo denn die Initiatoren der Aufstehen-Bewegung ihre Unterstützer finden wollen – wenn nicht in einem so breit angelegten Bündnis wie *Unteilbar.*

*

Fahre mit meinem alten Rennrad – es ist fast 30 Jahre alt – den *Rhein* entlang bis *Niehl;* bei herrlichem Herbstwetter. Ein gutes Gefühl.

*

12.11. – 16.11.: *Zimmerschied*

Zu unserer Überraschung zeigt sich der Herbst noch einmal von seiner schönsten Seite. Wir hätten uns nach der langen Trockenheit nicht vorstellen können, wie schön sich der Wald verfärbt. Selbst die Dörfler schwärmen von den warmen Farben. Waren gestern mit der Kamera unterwegs und werden auch heute bei einer Wanderung Aufnahmen machen.
Auf dem Grundstück das Übliche: etwa fünfzig Körbe mit Laub sind abzutragen. Aber in der guten Luft ist das eher angenehm; wir nehmen es sozusagen sportlich. Gestern wurde der Heizkörper im Wintergarten abmontiert; hat seinen Geist aufgegeben. In drei Wochen gibt es einen neuen. Solange heizen wir mit dem Ofen.

Am späten Nachmittag bei einem Glas Wein dann die Sonnenuntergänge; jeden Tag ein wenig anders, aber immer faszinierend. Man sitzt schweigend und schaut. Danach lesen wir uns vor; diesmal aus dem *Journal 2016*. Die Komposition der Texte macht den Reiz aus.

Koche uns eine Kürbissuppe vom Allerfeinsten; mit folgenden Zutaten: Ingwer; Prise Salz; Majoran; Curry; einen Schuss Sojasauce; 1 EL Grand Marnier; 1 EL Sirup; 1 EL Weingelee; Geli's Gewürzmischung; 1 EL Frischkäse – das Ganze anschließend im Mixer püriert.

Wir überlegen, wie wir die Zweitauflage der *Lesespuren* gestalten. Wir wollen sie fortschreiben und zwar mit neuen Texten. Erste Ideen sind: *Petras* Besprechung meines *Dichter-Romans*; evtl. meine Selbstinterpretationen dazu. Dann meine Rezension der Gedichte von *Wellershoff*.

*

Lese die Schrift *Die ungeheure Vielfalt der Welt festhalten*, die zum 90. Geburtstag von *Dieter Wellershoff* erschien. Die Texte wurden von *Gabriele Ewenz* und *Werner Jung* zusammengestellt. Im Vorwort heißt es: *Die Publikation breitet nahezu alle literarischen wie auch journalistischen Formen des Schreibens vor dem Auge der Leser und Leserinnen aus: neben frühen Glossen, kleineren wissenschaftsjournalistischen Essays, Kommentaren und Rezensionen noch aus der Studienzeit stehen frühe Gedichte, neben einem Entwurf zu einem Filmtreatment, sind schließlich ästhetisch-poetologische Texte neu zu entdecken, die nicht nur Fragen des eigenen künstlerisch-literarischen Selbstverständnisses betreffen, sondern auch grundsätzliche Reflexionen über moderne und postmoderne Kunst formulieren.* Daneben enthält der Band Fotographien und kalligraphische Textfragmente, die etwas von der Experimentierfreude Wellershoffs wiedergeben.

Besonders interessant ist ein kleiner Text über *Prinzipien des Romanschreibens*, der 1960 erschien und seine Auffassung vom Konzept des *Neuen Realismus* bereits vorwegnimmt. Da heißt es z.B.: *Stelle wirkliche Menschen dar. Niemals moralisieren. Nur das Leiden der Personen selbst. Die Phänomene enthalten alles. Keine Hilfen für die Leser, ihn nicht bei der Hand nehmen.*

*

Wir besuchen ein Konzert im *Klangraum Kunigunde*. Es werden Werke von *Händel, Paganini, Bach, Haydn, Debussy, Britten* und *Rahel Grimes* gespielt; von Dozenten der *Rheinischen Musikschule Köln*.
Die Akustik in der kleinen Kirche *St. Heinrich und Kunigunde* ist hervorragend, und das abwechslungsreiche Konzert nimmt einen ganz in seinen Bann. Ich hatte mich erst in letzter Minute entschlossen mitzugehen, bin aber froh, es getan zu haben.

*

Unser Hausmeister *Heinz Fix* ist gestorben. Vor gut einem Jahr wurde bei ihm Krebs diagnostiziert. Er wurde 74 Jahre alt. Noch vor ein paar Jahren fuhr er Radrennen, nicht selten über 200 km; durch die *Eifel* oder auch mit Freunden auf *Mallorca*. Sein ganzer Stolz war, es einigen Zwanzigjährigen einmal wieder gezeigt zu haben. Selbst schwerere Stürze nahm er relativ gelassen hin. Er trank nicht und rauchte nicht und war entsprechend topfit. Und dann dieses Ende. Seit der Diagnose wurde er mehrfach operiert; hatte ständig Schmerzen und war in den letzten Wochen

auf der Palliativstation des *St. Vinzenz-Krankenhauses* in *Nippes* untergebracht. Ganz zuletzt bekam er noch einen Schlaganfall.
Wir hatten nicht viele Berührungspunkte, unterhielten uns aber stets, wenn wir uns im Hof trafen. Wann immer wir seine Hilfe benötigten, war er zur Stelle. An unserem Wohlwollen war ihm gelegen. Andere Bewohner des Hauses hatten durchaus Probleme mit seinem zuweilen autoritären Auftreten.

*

Erhalte einen Brief der *Brentano-Gesellschaft*, die mir mitteilt, dass mein Gedicht *Verheißung* in der *Frankfurter Bibliothek* veröffentlicht wird. Ich bin zunächst erfreut, aber nach meinen Erfahrungen mit der *Deutschen Nationalbibliothek* recherchiere ich vorsichtshalber erst einmal. Und siehe da: es ist das gleiche Verfahren. Man taucht in einem Band mit ca. 1000 Gedichten auf und soll diesen dann für ca. 90 € selbst kaufen. Eine reine Geldmacherei. Auf *Google* gibt es einige Erfahrungsberichte, die genau das bestätigen.
Hätte nicht gedacht, dass sich eine Institution hinter dem Namen eines berühmten Dichters verstecken kann, um ihre Geschäftspraktiken zu verbergen. Aber nichts scheint unmöglich in dieser *Brave New World*.

*

Machen abends einen Gang durchs Veedel. Einige Geschäfte haben geöffnet, so auch unsere Gemüsehändlerin *Tatjana*, die u.a. Rotwein ausschenkt. Wir trinken ein Glas und unterhalten uns mit ihrem Mann, den wir bisher nicht kannten. Anschließend gehen rüber ins *Alt Neppes*, wo *Andy*, der frühere Fischverkäufer bedient. Er erzählt, dass er eine Ausbildung im Metallhandwerk macht und nebenbei jobbt. Er wirkt ziemlich gefestigt. Als er seine Arbeit vor zwei Jahren verlor, hatten wir befürchtet, dass er abdriftet.
Dann schauen wir noch im *Basil's* vorbei, wo ich mich mit dem Bekannten von *Sabine* unterhalte. Über Fußball, das geht immer. Er ist *Frankfurt-Fan*, und wir reden über die große Zeit der *Eintracht*, als noch Spieler wie *Grabowski*, *Hölzenbein*, *Nickel* u.a. dort spielten. Beide erinnern wir uns an das 6:0 der Eintracht gegen *Bayern München*; 1976 wir das.

*

Lese den Roman *Houwelandt* von *John von Düffel*. Eine Familiengeschichte über drei Generationen, in deren Zentrum der Großvater *Jorge* steht, ein verhärteter, gefühlskalter Mensch, der nicht lieben und nicht glauben kann. Lediglich seine Frau *Esther* hat Zugang zu ihm, aber nur um den Preis, sich ihm anzupassen und ihm zu dienen. Ansonsten zieht er sich von allen zurück. Seinen Sohn *Thomas* verachtet er als Weichling, und seinen Enkel *Christian*, der ihm wesensmäßig noch am Ähnlichsten ist, kennt er kaum. Dafür sorgt schon Thomas, der Christian vom Großvater abschirmt, damit dieser ihn nicht verdirbt. Kurz vor dem 80. Geburtstag von Jorge beschließt Esther, eine Feier zu organisieren, auch um die Familie einmal wieder zusammenzuführen. Thomas soll die Geburtstagsrede schreiben. Aber was soll er über Jorge schreiben, der ihn ein Leben lang traktiert und verachtet hat? Die Wahrheit? Oder eine dem Anlass gemäße, gefällige Ansprache, die alles Verletzende ausspart? Je näher der Geburtstag kommt, desto nervöser und angespannter werden die Beteiligten. Liegt es daran, dass sie vielleicht zum ersten Mal darüber nachdenken, wie sie zueinander stehen? Spüren sie, dass sie in Wahrheit gar keine Familienbande haben, sondern ein Jeder sich selbst der Nächste ist? Ein Jeder in seinen Routinen und Alltagsgewohnheiten gefangen bleibt; unfähig, sich in das Leben der Anderen hineinzuversetzen?

Der Autor bedient sich einer komplizierten Konstruktion, indem er jeweils aus der Perspektive einer Person berichtet; sie alle haben ihre höchst subjektive Sichtweise auf die Dinge. Zur Dramatik des Romans gehört, dass Jorge kurz vor der Feier plötzlich stirbt. Man könnte fast meinen, dass er sich auf diese Weise dem ganzen Trubel entzieht. Statt der Geburtstagsrede hält der Enkel Christian jetzt eine mehr oder weniger improvisierte Trauerrede, die viel von dem enthält, was er dem Großvater zum Geburtstag eigentlich hätte sagen wollen. Ein dramaturgischer Kunstgriff, der die

Absurdität des ganzen Vorhabens zeigt. Es ist, wie so oft: Erst der Tod oder ein besonderes Ereignis führt dazu, darüber nachzudenken, was man alles versäumt hat, um sich besser kennen zu lernen und umeinander zu kümmern. Das führt der Roman eindringlich vor, und darin liegt sein Wert.

*

Diskutiere mit *Jürgen*, einem Bekannten aus dem *Basil's*. Er war eine Woche mit seiner Frau in *Straßburg*. Als Reiselektüre hatte ich ihm unser Erinnerungsbuch an *Wellershoff* mitgegeben, weil er sich dafür interessierte. Er hat es gelesen und zeigt sich beeindruckt von den vielen Facetten unserer Erinnerungen. Und er muss es genau gelesen haben, denn er fragt mich, ob W. etwas voreingenommen gegenüber *Jürgen Becker* gewesen sei. Diese Nuance nimmt nur ein Leser wahr, der aufmerksam liest. Im Buch sind W.s Vorbehalte sehr zurückhaltend formuliert. Er nennt Beckers Schreiben *Augenblicksliteratur mit historischer Einblendung*.

*

Wir gehen zu einer Kabarettveranstaltung in den *Bunten Hund*. *Stefan Reusch* gibt seinen satirischen Jahresrückblick 2018. Wir verfolgen seinen Weg seit etwa 20 Jahren. Damals lernten wir ihn persönlich kennen. Er übernahm unsere Wohnung, und auf die Frage,

was er so mache, antwortete er: *Quatsch*. Seine Anfänge als Kabarettist waren schwierig: einige Veranstaltungen im kleinen Rahmen haben wir besucht: anschließend wurde der Hut rumgereicht. Nebenher arbeitete er als freier Mitarbeiter beim Rundfunk. Mittlerweile hat er sich etabliert. Er tritt bundesweit auf (zwei Tage vorher war er in Stuttgart) und hat einen festen Sendeplatz beim SWF und WDR. Sein Kabarettprogramm ist ausgereift und vielseitig. Demnächst tritt er im *Senftöpfchen* auf; einer unserer Kabarett-Tempel.
Als ich ihn in der Pause treffe, gratuliere ich ihm zu seinem Auftritt; ich würde seine Recherchearbeit bewundern, und wie er es immer wieder schafft, durch kleine Wort- und Sinnverdrehungen die Leute zum Nachdenken, aber eben auch zum Lachen zu bringen. In seiner Bescheidenheit meint er: *Ja, es ist viel Hin- und Hergeschiebe dabei.*

*

Habe jetzt endlich den Roman *Der Räuber* von *Robert Walser* gelesen, der immer noch als eine Art Geheimtipp gilt. Ein Roman, der dem Leser wegen seiner strukturellen und formalen Besonderheiten einiges abverlangt. Walser verwendet alle möglichen Stilmittel: surrealistische bzw. kafkaeske Formulierungen, Briefe, Ansprachen, Dialoge und Lyrismen wechseln einander in loser Reihenfolge ab und werden zu Assoziationsketten miteinander verwoben. Es handelt sich um einen fließenden Text, unterbrochen nur durch eine Vielzahl von Abschweifungen. Der Roman gilt neben *Jakob von Gunten* und *Der Gehülfe* als wichtigstes Werk Walsers. Es ist sein letzter; 1929 geschrieben, aber erst Ende der sechziger Jahre entziffert; er hatte ihn in mikroskopisch kleiner Schrift verfasst.

Es ist ein Roman, der einen wegen seiner Unstrukturiertheit und fehlenden Handlung gelegentlich ratlos zurücklässt und gleichzeitig durch skurril anmutende Wortbilder und ästhetisch höchst anspruchsvolle Formulierungen immer auch aufs Neue fasziniert. Zum Inhalt heißt es in einem Einführungstext zum Buch: *Walsers Räuber ist ein Außenseiter, dem es nicht glückt, „sich der bürgerlichen Ordnung brav anzuschmiegen". Er ist ein Zeitgenosse, dem das Entscheidende fehlt, „was fürs Leben und seine Gemütlichkeit wichtig ist". Er ist ein „Nichtsnutz", der sich in die Rolle eines „Räubers" gedrängt fühlt, da er kein Geld besitzt, noch sich zu arrangieren und auf allgemein respektierte Weise welches zu verdienen versteht. Er vergleicht sich mit dem „Blatt, das ein Knabe mit der Rute vom Zweig herunterschlägt, weil es ihm als Vereinzeltes auffällt". Obwohl er nie eine kriminelle Handlung begeht, provoziert er die Majorität der Angepassten, die sich schon durch sein bloßes Dasein irritiert und verunsichert fühlt.*

Was verbirgt sich hinter der Figur des Räubers? Ist er das Alter Ego des Schriftstellers, der sich dahinter versteckt, oder sind beide identisch? Für beide Sichtweisen gibt es Belege. Mal heißt es: *Ich bin ich und er ist er.* Aber dann verschmelzen beide Figuren wieder zu einer, so dass das Wechselspiel von Ich, Er und Wir sich durch den ganzen Roman zieht. Aber warum bezeichnet der Autor seinen Protagonisten als *Räuber*, wo dieser doch nie etwas gestohlen hat? Oder hat Walsers Räuber vielleicht doch *geraubt*? Wenn ja, sind es keine materiellen Dinge, sondern *Landschaftseindrücke* oder *Begebenheiten*, all das, was ein Schriftsteller für seine Arbeit braucht.

Weiter heißt es: *Weswegen wurde er zum Räuber? Weil sein Vater herzensgut, aber arm war. Und so hat er denn leider hie und da mit nichts als seinem Witz Verfolger von oben bis unten zerspalten, wofür er jegliche Verantwortung ohne Murren übernimmt. Der Räuber ist nämlich zu fein veranlagt, um ein großes Gewissen zu haben, er hat nur ein ganz leichtes, kleines, er spürt es kaum, und weil es ein so zweigiges, schmiegeliges Gewissen ist, plagt es ihn auch gar nicht, und er ist natürlich darüber herzlich froh. Wir von uns aus würden ja von diesen Verfolgungen nie gewagt haben zu reden ohne die strikte Aussage jenes Mannes von Belang, bei dem der Räuber eines Abends Tee trank und dem die Bemerkung entfiel: „Ja, ja Lieber, wenn man sich verhaßt macht." Vor der Zusammenkunft mit diesem Intellektuellen ahnte der Räuber >von allem dem< noch nichts. Der Sexuelle oder Intellektuelle hatte ihn aufgeweckt. Der Räuber lag da gleichsam unschuldig wie in einem Bett und schlief. Würde ich meinerseits so ein Kind nicht lieber schlafen lassen, statt ihm Bemerkungen wie oben erwähnte ins Ohr zu gießen, ihn da fest zu zupfen, um ihm hochintellektuell zuzurufen: „Du, steh auf, es ist Zeit"? Und so musste denn natürlich der Räuber aufstehen, und hier steht er nun.*

Die Weigerung, sich der Gesellschaft und ihren Normen anzupassen, hat etwas Subversives; nie werden revolutionäre Absichten geäußert, und doch leistet der Räuber eine Art *passiven Widerstand* ; er ignoriert die gesellschaftlichen Normalitätserwartungen, ihre Routinen und Gewohnheiten bewusst und bezieht aus seiner selbstgewählten Randexistenz eine Art Überlegenheitsgefühl. Er geht keiner geregelten Arbeit nach; hat keinen festen Wohnsitz; achtet nicht auf sein Äußeres; lebt in den Tag hinein und ist nicht willens, eine feste Beziehung einzugehen. Zwar hat er Kontakte zu Frauen, aber etwas Dauerhaftes wird daraus nicht. Die bürgerliche Ordnung ist für ihn nicht attraktiv. Man könnte sagen: er ist darüber hinaus, weil er die Mechanismen der Gesellschaft durchschaut. Einmal heißt es:
Man muss schlecht gewesen sein, um ein Sehnen nach dem Guten zu spüren. Und man muss unordentlich gelebt haben, um zu wünschen, Ordnung in sein Leben zu bringen. Also führt die Geordnetheit in die Unordnung, die Tugend ins Laster, die Einsilbigkeit ins Reden, die Lüge in die Aufrichtigkeit, letztere in erstere, und die Welt und das Leben unserer Eigenschaften sind rund.

Der Räuber möchte gar nicht so sein wie die Anderen, die Spießer und Arrivierten. Er durchschaut deren Spiel. Zu einer Bekannten, einer Bewunderin des Offizierstandes, bemerkt er:
Die Zukunft hat alles Gute bloß noch von Offizieren zu erwarten und höchstens noch von Soldaten, die für ihren

Offizier mit Jubel durchs Feuer gehen. Sie halten mich ein bisschen für übergeschnappt, und ich bin es ja auch vielleicht. Aber haben Sie das Recht, mich zu durchschauen? Nein, Sie haben nicht das mindeste Recht dazu. Der ganze Wiederaufbau der Zivilisation hängt für jeden Klardenkenden und hauptsächlich für jeden Gefühlvollen von der Heiligsprechung des Offiziersgrades ab. Haben Sie kein Gedächtnis für das, was die Offiziere im Kriege Unmögliches leisteten? Indem sie ihr Möglichstes taten, verrichteten sie das Menschenunmögliche und aßen namentlich ihren Untergebenen nicht so sehr das Brot auf, als dass sie das Brot, das sie den Soldaten verpflichtet waren, zu geben, an Schieber verkauften, um dafür Champagner zu bekommen, dessen Genuss ihnen für die Verteidigung ihres Vaterlandes wichtig schien. Aber was sage ich da in der vollendeten Zerstreutheit?

Sein Sarkasmus zeigt, dass der Räuber sich keine Illusionen über den Zustand der Gesellschaft macht. Natürlich spürt er die Verachtung seiner Umwelt, aber darüber ist er erhaben. Man könnte auch sagen, er macht aus der Not eine Tugend. Da die Gesellschaft ihn ausgrenzt und ablehnt, versucht er, daraus etwas Positives für sich abzuleiten: Die zunehmende Distanz ist gleichzeitig eine Art Schutz vor Anpassung und Spießertum. Wenn man so will: ein Versuch, seine Identität zu bewahren oder eine solche zumindest zu behaupten. Dazu eine längere Passage, in der der Autor mit dieser zu spielen scheint:

Vor ihm saß nun also der Herr Doktor, zu dem er sagte: "Ich bekenne Ihnen ohne Umschweife, dass ich mich dann und wann als Mädchen fühle." Er wartete nach diesem Wort, wie der Doktor sich äußern würde. Der aber sagte bloß leise: „Fahren Sie fort." Der Räuber setzte nun auseinander: „Vielleicht erwarteten Sie, dass ich einmal käme. Ich würde Sie in erster Linie zu bitten haben, sich mich recht arm vorzustellen. Ihr Gesicht sagt mir, dass das nicht viel ausmacht, und so vernehmen Sie denn, hochverehrter Herr, dass ich ganz fest glaube, ich sein ein Mann wie irgendein anderer, nur dass mir oft schon, d.h. früher niemals, aber in letzter Zeit an mir aufgefallen ist, dass ich gar keine Angriffs-, keine Besitzlust in mir lodern, weben und aus mir herausdrängen spüre. Im übrigen halte ich mich für einen ganz braven wackeren Mann, für einen durchaus brauchbaren Mann. Ich bin arbeitslustig, ohne dass ich allerdings zur Zeit viel leiste. Ihre Ruhe ermutigt mich, Ihnen anzuvertrauen, dass ich glaube, es lebe vielleicht in mir eine Art von Kind oder eine Art von Knabe. Ich besitze ein vielleicht etwas zu fröhliches Inneres, was ja auf mancherlei schließen lässt. Für ein Mädchen hielt ich mich ein paar Mal, weil ich gern schuhputze und weil mich häusliche Arbeiten lustig anmuten. Es hat eine Zeit gegeben, wo ich es mir nicht habe nehmen lassen, einen zerrissenen Anzug eigenhändig auszubessern. Und ich heize immer im Winter die Öfen selber ein, wie wenn sich das ganz von selbst verstünde. Aber ein richtiges Mädchen bin ich natürlich keineswegs. Wollen Sie mich bitte einen Augenblick über alles das Bedingende nachdenken lassen. Vor allem fällt mir da jetzt ein, dass mich die Frage, ob ich etwa ein Mädchen sein könnte, nie, nie, auch nicht einen einzigen Augenblick lang beunruhigte oder mich aus der bürgerlichen Fassung brachte oder mich unglücklich machte. Ich stehe überhaupt keineswegs als Unglücklicher vor Ihnen, ich möchte dies ganz speziell betonen, denn eine geschlechtliche Qual oder Not spürte ich nie, denn es hat mir nie an den sehr einfachen Möglichkeiten gefehlt, mich jeweilen von Andrängungen zu befreien. Eigentümlich, d.h. wichtig für mich wurde die Entdeckung, die ich an mir machte, dass ich in liebliche Lustigkeit hineinkam, wenn ich in Gedanken irgendwen bediente. Natürlich ist diese Art von Anlage nicht alleinbestimmend. Ich frage mich vielfach, was für Umstände, Beziehungen, Milieus für mich maßgebend seien, kam aber zu keinem bestimmten Ergebnis.

Dieses Zitat zeigt, w i e der Autor den Entfremdungsprozess seines Räubers schildert. Fortlaufend erzählt werden scheinbar belanglose Episoden aus seiner kümmerlichen Existenz; unterbrochen von Andeutungen, Reflexionen und Wortspielereien. Der Text hat keine Handlung; es entwickelt sich nichts; es wird assoziiert; es geht vor und zurück. Der Autor spielt mit den Erwartungen des Lesers; er kündigt an, auf einen Sachverhalt zurück zu kommen; schweift ab, und manchmal kommt er auf eine Sache zurück, manchmal aber auch nicht. Es ist ein höchst kunstvolles Verwirrspiel, das sich über den ganzen Roman hinzieht. Zuweilen liest sich das wie ein Selbstgespräch, das keinen Anfang und keine Ende kennt. Oder zieht Walser mit seinen Ausführungen ein bitter-ironisches Resümee seines Schriftstellerlebens? Wie gesagt: es ist sein letzter Roman, und bald darauf begibt er sich in eine psychiatrische Pflegeanstalt, in der er Jahrzehnte bis zu seinem Lebensende verweilt.

*

Klaus schickt folgende Mail:

Der Göttinger Professor, von dem ich erzählt habe, bestellte am Montag noch zwei Exemplare unseres Buches. Gerade erhalte ich ein Rundschreiben von ihm, das mit den folgenden Worten beginnt:

"Liebe Kolleginnen und Kollegen,
liebe Freundinnen und Freunde,

mein Hinweis auf das November-Heft kommt etwas verspätet (Pardon!) – aber vielleicht noch früh genug für den Fall, dass noch ein Geschenk gesucht wird. Ich selbst verschenke diesmal ein Buch, das ich im Juli-Heft empfohlen hatte:

Joke und Klaus Frerichs (2017): Einer schreibt, einer malt. Zwei Brüder aus dem Emder Arbeitermilieu finden ihren Weg. Buchversand: Klaus Frerichs, Tilsiter Str. 8, 26725 Emden, 206 S., 20,- € (pl. Versand). –

Wie sich zwei Jungen gegen Vorurteile (»Arbeiterkinder sind dumm!«) behaupten und in der Auseinandersetzung mit »68« ihre je eigenen Wege suchen, wird mit vielen Beispielen authentisch nachvollziehbar gemacht. – Beeindruckende Er-

innerungen an bewegende Zeiten und auch anrührende Dokumente ungewöhnlicher Lebensläufe.

Ich finde es immer noch gut: Es hat klare (politisch-gesellschaftliche) Botschaften und dokumentiert beeindruckende Malerei (teilweise wie Franz Radziwill).

Die Empfehlung im Juli-Heft hatte zur Folge, dass EIN Exemplar von der Uni Münster angefordert wurde. Mal sehen, ob hierauf jemand reagiert. Nett finde ich auf jeden Fall seine Art der Empfehlung.

*

Habe meinen Text über den Roman *Der Räuber* von *Robert Walser* an den *Blog der Republik* geschickt. Parallel überarbeitet *Petra* ihren Text über die *Habitusform des Dienens* – dargestellt am Beispiel des *Jakob von Gunten* von *Robert Walser* und *Die Augen des Dieners* von *Hermann Lenz*.

*

Jan – der Wirt vom *Basil's* – spricht mich auf mein *Journal 2017* an, in dem ich seine und *Björns* Rolle als Wirte beschreibe. Das Journal hatte ich *Jürgen* mitgebracht, der sich für die literarische Form interessierte.

*

Zezo meldet sich nach langer Zeit; entschuldigt sich dafür, dass er nichts von sich hat hören lassen. Ich schreibe ihm zurück, dass ich mich ebenfalls zu entschuldigen habe, da auch ich mich lange nicht gemeldet habe. Das würde aber nicht bedeuten, dass man nicht aneinander denkt. Wir würden oft über seine vielen Bilder reden, die uns umgeben. Täglich schaut man sie an und des Öfteren kommen einem dabei Erinnerungen oder sonst welche Gedanken. Es wird ihm guttun, das zu hören.

*

Schaue mir im *Basil's* das Revierderby *Schalke* gegen *Dortmund* an. Der Raum ist rappelvoll. Die Dortmund-Fans sind bei weitem in der Mehrzahl. Als Dortmund das verdiente 2:1 schießt, brechen alle Dämme. Die Leute springen auf und Barhocker und Stühle fallen um. Man klascht sich ab und umarmt sich; eine tolle Atmosphäre. Das ist es, was ein Spiel in der Kneipe ausmacht.
Ganz nebenbei: für *Frank* muss ich ein Bier ausgeben: ich hatte auf *Friedrich Merz* als CDU-Vorsitzenden getippt; er auf *AKK*. Die Wahl ging äußerst knapp für AKK aus; aber so ist es mir auch ganz recht.

*

Lese *Petras* Essay über *Die Existenzform des Dienens*. Und siehe da: sie kommt ganz ohne den

Habitusbegriff von *Bourdieu* aus, der das Verständnis eher erschwert hätte. So liest sich der Beitrag viel flüssiger und ist im Übrigen ausgezeichnet. Sie will ihn im *Blog* veröffentlichen, was gut zu meinem Walser-Beitrag passen würde. Letzterer erschien soeben im Blog.

*

Klaus schreibt zu meinem Walser-Text:

Das ist eine sehr gelungene Besprechung eines intensiven Textes (werde mir das Buch gleich bestellen). Habe mir vorgestellt, dass der „Räuber" und Dein Dichter sich begegnen. Was würden sie miteinander sprechen? Würde ein Gedankenaustausch beiden gut tun? Oder müssten sie überhaupt nicht sprechen, weil die Seelenverwandtschaft so groß ist, dass Worte gar nicht nötig sind? Gibt es so etwas wie kommunikatives Schweigen?

Das sind interessante Aspekte. Ein Dialog zwischen dem Räuber und meinem Dichter und dann die Frage, ob es ein kommunikatives Schweigen gibt. Ich denke ja.

Auch *Alfons Pieper* und *Uwe Pöhls* melden sich. Pieper findet den Text *extraordinär*. Dabei war ich selbst gar nicht so überzeugt; aber so ist das ja oft.

*

10.12. – 12.12.: *Zimmerschied*

Wegen des neuen Konvektors fahre ich allein nach Zimmerschied. Beim Brennholz schlagen entdecke ich im Holzstapel einen wundervoll gezeichneten *Schmetterling*. Als ich einen Holzklotz bewege, rührt er sich nicht, so dass ich nicht sicher bin, ob er noch lebt. Als ich später nachsehe, ist er nicht mehr an seinem Platz. So überwintern Schmetterlinge also.

*

Soeben war der Handwerker da, der uns den neuen *Wandkonvektor* montiert. Ich bewundere immer wieder, wie geschickt diese Leute sind. Sie arbeiten zügig, strahlen dabei aber eine große Ruhe aus. Und jeder Handgriff sitzt.
Morgen fahre ich zurück, da das Wetter feucht-kalt und daher wenig ansprechend ist. Heute Abend gehe ich in die Sauna.

*

Lese den Roman *Hunger* von *Knut Hamsun*. Ein namenloser Ich-Erzähler schildert, wie er in der norwegischen Stadt *Kristiania* verzweifelt versucht zu überleben. Von Zeit zu Zeit erhält er ein kleines Honorar für einen Zeitungsartikel; ansonsten lebt er im Elend. Vom Hunger gezeichnet gerät er an den Rand des Wahnsinns; hat Erscheinungen und Alpträume oder erfindet solche. Es sind eindringliche Episoden, die

Hamsun darstellt; man erleidet sie regelrecht mit. Zum Schluss ist er mit seinen schriftstellerischen Versuchen gescheitert und heuert auf einem Schiff an, um seiner aussichtslosen Situation zu entkommen.

*

Alfons Pieper, der Chefredakteur des *Blogs der Republik*, schlägt vor, das Thema *Europa* zu einem der nächsten Themenschwerpunkte zu machen. Ich überlege, was ich dazu beitragen könnte und komme auf die Idee, unsere Reisen ins europäische Ausland zu schildern; anhand unserer Reisenotizen. Dann kann die politische Prominenz des Blogs sich mit dem Brexit und anderen Themen auseinandersetzen. Kompetenz ist ja genügend vorhanden.

*

Prof. Werner Jung, dem wir unsere *Erinnerungen an Dieter Wellershoff* geschickt hatten, antwortet wie folgt:

...lange, viel zu lange schon liegt Ihr Büchlein mit Ihren persönlichen Erinnerungen an Dieter Wellershoff auf meinem Schreibtisch, ohne dass ich Ihnen für Ihr Geschenk gedankt habe. Sie wissen ja, dass die Wellershoffs (beide) mir sehr nahegestanden haben, und ich immer wieder auf Dieters Werk in Büchern, Artikeln, Essays wie auch in universitären Zusammenhängen zurückgekommen bin. Nun konkretisiert sich hoffentlich auch die Idee, die wir letzte Woche mit Helge Malchow besprochen haben, eine kleine Brief-

auswahl im kommenden Herbst herauszugeben. In diesem Zusammenhang gleich meine Frage und Bitte, ob Sie nicht auch Briefe zur Verfügung stellen könnten, die möglicherweise in eine solche Ausgabe passen. (Wenn Sie mir Scans übermitteln könnten, würden wir uns, -d.h. Gabriele Ewenz von der Stadtbibliothek, Irene Wellershoff und ich -sehr freuen.) - Mit besten Grüßen und Wünschen für eine geruhsame Weihnachtszeit -WERNER JUNG

Ich antworte ihm wie folgt:

Danke für Ihre Rückmeldung. Das Werk von Dieter Wellershoff wird uns noch lange beschäftigen. Z.Zt. lesen wir das fulminante Essaywerk "Der Roman und die Erfahrbarkeit der Welt", das wir bisher nur in Auszügen kannten. Es ganz zu lesen, ist wegen der vielen Querbezüge noch einmal eine ganz neue Erfahrung. Gleiches gilt für Ihr Buch "Im Dunkel des gelebten Augenblicks". Wellershoff hatte uns seinerzeit auf das Buch hingewiesen. Wegen der Dynamik unseres Austausches mit ihm (wir schickten ihm unsere Besprechungen seiner Werke; er wies uns auf weitere hin usw.), hatten wir damals keine Muße, das Buch zu lesen. Durch die zeit- und geistesgeschichtlichen Bezüge hat es uns noch einmal ein tieferes Verständnis des Wellershoffschen Werkes verschafft. Es ist ein großartiges Buch, das dem Leser einiges abverlangt. Das gilt auch für die Kommentare in der Werkausgabe, die Sie u.a. verfasst haben. Wir haben uns die Werkausgabe erst nach der Veröffentlichung der letzten drei Bände beschafft. Was nun die Briefe von Wellershoff angeht, so bedürften diese wahrscheinlich einer entsprechenden Kontextualisierung. Er äußert sich darin ja vor allem zu unseren

Texten, und ohne deren Kenntnis dürften sie für Dritte wenig informativ sein. Einer der Briefe ist zudem bereits in der Werkausgabe Bd. 9, S. 648 enthalten. Da unsere beiden Bücher über Wellershoff bei BoD erschienen sind, dürften sie weithin unbekannt sein. (Wir veröffentlichen alle unsere Bücher aus pragmatischen Gründen – wegen der größtmöglichen Gestaltungsfreiheit – bei BoD). All das gilt es zu bedenken.
Ansonsten sind wir gern bereit, Ihnen einige Briefe zu überlassen.

*

Arbeite an einem Text über das Reisen in Europa für den *Blog*. Mittlerweile ist der Text fertig. Er ist mit ca. 20 Seiten etwas lang geworden. *Petra* wird ihn sich noch einmal ansehen, und dann geht er an den Blog.

*

Petra und ich lesen parallel und mit großem Vergnügen *Wellershoffs* Essaywerk *Der Roman und die Erfahrbarkeit der Welt*. Ein unglaubliches Kompendium: klug; unprätentiös; präzise und tiefgründig. Eine geniale Sicht auf die Literatur der Moderne.

*

Petra arbeitet an der Gestaltung unseres Buches über *Erinnerungen an Dieter Wellershoff*. Die erste Auflage wurde um unseren *Emder Vortrag* und einen *Essay über das literarische Werk Wellershoffs* ergänzt. Hinzu kommen gescannte Dokumente, u.a. von handschriftlichen Zeugnissen. Habe mir den Entwurf soeben angesehen: macht sich sehr gut. Es wird ein schönes Buch, das wir später sicherlich gern zur Hand nehmen werden.

*

Habe meinen Reisetext mit folgenden Begleitschreiben an den Blog geschickt:

Wir fanden die Anregung von Herrn Pieper, Europa stärker zum Thema zu machen, sehr gut. Da der öffentliche Diskurs nahezu ausschließlich von ökonomischen und fiskalischen Problemen bestimmt wird, habe ich mit dem Thema Reisen versucht, die kulturellen und sozialen Aspekte in den Vordergrund zu stellen. Es handelt sich um kleine, alltägliche Episoden, die wir auf unseren Reisen durch Europa erlebt haben.
Vielleicht eignet sich das Ganze als Weihnachtslektüre – auch weil der Text naturgemäß etwas länger geworden ist. Er umfasst einen Zeitraum von über 50 Jahren, und man sieht daran, dass sich doch vieles verändert hat.

Kurz drauf schreibt *Alfons Pieper* zurück:

Ich habe erst die Hälfte Ihrer Reiseberichte über Europa gelesen und bin begeistert. Ja, Europa hat vieles zu bieten, und man sollte bei Reisen durch die Länder Europas deren Vielfalt und Besonderheiten genießen. Wir haben das oft getan und werden das auch in Zukunft so halten.

*

Lese von Max Frisch die Entwürfe zu einem dritten Tagebuch. Dazu heißt es in einem Nachwort: Mit ‚Tagebuch' bezeichnet Max Frisch eine literarische Form, die sich von dem, was man landläufig unter dem Begriff versteht, grundlegend unterscheidet. Gemeint ist eine streng gefügte Komposition essayistischer und erzählender Texte, die untereinander so in Beziehung stehen, dass sich ein Geflecht wiederkehrender Themen und Motive ergibt. Ein ‚Tagebuch' im Sinne dieses Autors ist also nicht die Summe der täglichen Notizen, die neben der schriftstellerischen Arbeit auch noch anfallen, sondern ein Ergebnis des Kunstwillens im strengsten Sinn. Als literarische Form steht es gleichwertig neben dem Roman, der Erzählung, dem Theaterstück ... Daraus ergibt sich, dass die hier vorgelegten Texte keineswegs flüchtige und vorläufige Niederschriften sind. Sie haben alle einen Prozess der Reduktion und Verdichtung hinter sich und nehmen ihren Platz ein im Themengefüge des geplanten Ganzen.

*

Alfons Pieper hat im Blog über das Ende des Steinkohlenbergbaus geschrieben; sehr einfühlsam und versehen mit persönlichen Erinnerungen. Daraufhin schreibe ich ihm von meiner Herkunft und davon, dass auch die Werften stets krisenanfällig waren und sein Artikel mich an eigene Kindheitserfahrungen erinnert hat.

Er antwortet wie folgt: *Vielen Dank für die Reaktion. Ich versuche ja seit einiger Zeit gegen eine gewisse Glorifizierung des Reviers gegenzuhalten, weil sie oft von Kollegen kommt, die dort nie waren. Dazu passt wunderbar eine Karikatur des Zeichners Heiko Sakurai im heutigen Bonner Generalanzeiger, die zeigt, wie der Bergmann auf einen Sockel gehoben werden soll. Sakurai kommt aus Recklinghausen. Ich denke, es schadet der Nachwelt nicht und verschafft auch Einsichten, wenn wir von Zeit zu Zeit einen Blick zurückwerfen. Damit meine ich auch Ihre geäußerten Gedanken über Ihre Heimat Emden. Sie sollten das für uns aufschreiben, und wenn Sie alte Fotos haben, Uwe Pöhls nimmt sie gern.*

Es wäre zu überlegen, ob ich Passagen aus dem Opa-Buch und meiner Kindheit in Emden für den Blog aufbereite. Vielleicht eignet sich auch das Poem Beim Betrachten alter Fotos als Rahmenhandlung.

*

Auch *Uwe Pöhls* meldet sich, und zwar aus *Schweden*:

Wir haben Ihren wieder einmal so wunderbaren Beitrag über das Reisen gerade eben als unsere „Weihnachtsgeschichte" online gestellt. Der Artikel passt ja nicht nur gerade aktuell in unsere Zeit, wo wir ja wieder über „Grenzen" diskutieren und das Erreichte verteidigen müssen, er handelt ja auch an vielen Stellen von den Nöten, eine „Herberge" zu finden!

Ganz herzlichen Dank für ein neues Stück aus Ihrer außerordentlichen „Feder" und die allerherzlichsten Grüße und Wünsche zum Weihnachtsfest. Egal welcher Religion wir sind oder nicht, es läßt uns innehalten und den Blick auf das wirklich Wichtige lenken.

Wie immer hat er den Text sehr schön gestaltet (mit dem Bild *Lebensfreude* von *Max Ernst*), und auch das Timing stimmt: er erscheint Heiligabend und kann so tatsächlich als *Weihnachtsgeschichte* gelesen werden.

*

Auch *Alfons P.* meldet sich noch einmal wegen des *Reisetextes*: Wenn das kein Lesestoff ist! Im Grunde eine Liebeserklärung an die schöne Dame Europa.

*

Petra hat eine Mail von *Irene W.* erhalten; sie hatte sich schon Sorgen gemacht, weil sie nichts hörte. Irene schreibt, dass es ihr jedes Mal, wenn sie Briefe von *Dieter* liest, vorkommt, als spreche er zu ihr. Sie hat die Texte in Dieters Arbeitszimmer gelesen, wodurch er ihr besonders nahe war.

Sie wird die gescannten Briefe an *Werner Jung* und *Gabriele Ewenz* weiterreichen. Geplant ist ein Briefband mit Wellershoff-Briefen, der bei *Kiepenheuer & Witsch* erscheinen soll.

*

Heute (28.12.) vor 10 Jahren sind wir nur knapp an einer Katastrophe vorbei geschrammt. Damals schrieb ich in mein Tagebuch:

Ich wache um 2.30 Uhr zufällig auf. Unser Adventskranz brennt lichterloh. Ich packe die glühend heiße Glasplatte und werfe sie ins Freie, wo der Kranz weiter brennt. Wir hatten die Kerzen gelöscht, aber die Hitze hat sich wohl über Metall-Teile dem Tannengebinde mitgeteilt und dann entzündet. Außerdem ist alles mit künstlichen Beigaben durchsetzt. Das merkt man daran, dass der Kranz noch nach Stunden brennt und sich nicht löschen lässt. Nie wieder kommt uns ein Adventskranz ins Haus!
Der Schreck war groß. Wie leicht hätten sich die Gardinen entzünden können ... und so weiter. Und außerdem stank das Ganze fürchterlich nach chemischen Substanzen. Am nächsten Tag haben wir unsere Neugeburt gebührend gefeiert.
Selbiges werden wir auch heute tun.

*

2018:

Was war uns wichtig dieses Jahr? Wir sind weiterhin produktiv, arbeiten an unseren Texten und veröffentlichen sie im *Blog der Republik* oder in Büchern. Es gab *Lesungen* in *Oldenburg* und *Emden*, die schon deshalb interessant sind, weil man eine Resonanz auf das Geschriebene erhält und Leute wieder trifft, die man oft Jahrzehnte nicht mehr gesehen hat.

Und dann ist da das Pendeln zwischen unseren Standorten *Köln*, *Zimmerschied* und *Wilhelmshaven*. Alle drei haben ihre Reize. Köln mit seinem *kulturellen Angebot* – wozu für mich auch die Kommunikation im *Basil's* gehört. Zimmerschied bietet uns *Naturerlebnisse im Wechsel der Jahreszeiten*. Und Wilhelmshaven bietet uns in den Sommermonaten die Möglichkeit ausgedehnter *Strandaufenthalte*, wobei wir vor allem *das Schwimmen im Jadebusen* als ganz besonderen Luxus erleben. Alle drei Orte sind uns auf ihre Weise zur *Heimat* geworden und wir hoffen, sie noch eine ganze Weile frequentieren zu können.

Und dann gab es auch einige traurige Anlässe: Innerhalb einer Woche starben *Joke Bruns* und *Dieter Wellershoff*. Der eine stand am Beginn meines Aufbruchs aus dem Herkunftsmilieus; den anderen lernten wir erst spät, dann aber umso intensiver kennen. Beide haben mich sehr geprägt, und ich bin dankbar, sie kennengelernt zu haben.

Jetzt ist von den Alten nur noch mein ehemaliger Klassenlehrer *Manfred Peter* übrig, mit dem ich immer noch Kontakt habe. Er schickte mir auch in diesem

Jahr im Abstand von wenigen Tagen kleinere Texte zur Kultur und Literatur; zuweilen auch Reflexionen über Dinge, die ihn umtrieben. Das moderne Leben machte ihm zunehmend zu schaffen. Jetzt habe ich schon einige Zeit nichts mehr von ihm gehört. Vielleicht ist er noch in Kolumbien; vielleicht aber auch wegen irgendwelcher Verpflichtungen in Spanien. Ich hoffe nur, dass er wohlauf ist.

Damit schließe ich das *Journal 2018*. Wir werden es wieder in Buchform bringen, damit es für uns verfügbar ist. Parallel arbeiten wir an unserem *Erinnerungsbuch* über Dieter Wellershoff, in dem wir *Briefe, Besuchs- und Telefonprotokolle* zugänglich machen; auch darauf möchten wir zurück greifen können, wann immer uns danach ist.

Angaben zum Autor

Joke Frerichs; Dr. rer. pol.; Studium der Philosophie, Soziologie und Politikwissenschaft; Veröffentlichungen u.a.: „Selbstgespräche. Gedichte und Poeme", 2010; „Die Mission", Roman, 2011; „Einfach mal drauflos fahren – Episoden von Reisen", 2013; „Gespräch mit einem langen Schatten", Roman, 2013; „Das Leuchten der Stille". Ausgewählte Gedichte, 2014; „Das Haus des Dichters", Roman, 2016; „Inside out. Die Welt lässt sich nicht umarmen", Journal der Jahre 2005-2015, 2016; „Die Schatten werden länger", Journal 2016, 2017; „Kontinuitäten und Brüche. Versuch einer Selbstbeschreibung", 2017; „Gegenblende", Journal 2017, 2018; zusammen mit Klaus Frerichs: „Einer schreibt, einer malt. Zwei Brüder aus dem Emder Arbeitermilieu finden ihren Weg", 2017.

Zusammen mit Petra Frerichs: „Lesespuren. Notizen zur Literatur", 2011; „Leben braucht keine Begründung. Zum literarischen Werk von Dieter Wellershoff", 2012; „Literarische Entdeckungen. Vergessene und neu gelesene Texte", 2012; „Leben und Schreiben – was sonst? Ein Streifzug durch die Werkausgabe von Dieter Wellershoff", 2014; „Das Mysterium der Suche", 2014; „Dieter Wellershoff Eine Begegnung der besonderen Art", 2019.

Weitere Informationen unter:
www.joke-frerichs.de